Walter Maciejewski
Der warme Regen

Walter Maciejewski

# Der warme Regen

und andere Geschichten
für Erwachsene auf Hoch und Platt

MORITZBERG
VERLAG

Umschlaggestaltung unter Verwendung einer Zeichnung
des Jagdmalers Horst Juhl

Satz, Gestaltung und Umschlaggestaltung: Katrin Pultermann
Herstellung: Quensen Druck + Verlag GmbH & Co. KG. Hildesheim

© Moritzberg Verlag, Hildesheim 2014
www.moritzvomberge.de
Alle Rechte vorbehalten
Printed in Germany

ISBN 978-3-942542-07-4

# Inhalt

| | |
|---|---:|
| Vorwort | 7 |
| Apen-Franz | 9 |
| Puttäppel | 11 |
| Der Papagei in der Kneipe | 13 |
| Mein Kriegsende | 14 |
| Kartoffelkäfer | 22 |
| Schwarzschlachten für Hanomag | 24 |
| Mit zwölf Unternehmer | 35 |
| Der Motorradkauf | 37 |
| Der Weihnachtshase | 41 |
| Ins Personalbüro bestellt | 43 |
| Mit dem Motorrad in die Heide | 47 |
| Auferstanden von den Toten | 50 |
| Massenmord in Dankelsheim | 51 |
| Der warme Regen | 54 |
| Hasensylvester | 65 |
| Ik hev ne Frau in Holze efunnen (Platt) | 68 |
| Ohne Pass na Amerika (Platt) | 71 |
| Der beste Freund des Pastors | 74 |
| Der Esel aus Giesen | 79 |
| Der Käfer – oder: Was uns nicht fehlte | 82 |
| Dumm gelaufen | 85 |
| Eine Feier, die man nie vergisst | 89 |

| | |
|---|---|
| Die unerwünschte Vervielfältigung | 96 |
| Teuben (Platt) | 100 |
| De Gewichtsfroge (Platt) | 102 |
| Die Skatbrüder | 104 |
| Ünnerwegens (Platt) | 106 |

## Einige Sätze, die Sie vor dem Lesen oder Vorlesen beachten sollen

Einem Buch wird meistens ein Vorwort vorangestellt. Zu den nachfolgenden kleinen Geschichten und Histörchen möchte ich Ihnen einige einleitende Sätze sagen.

Zunächst erst einmal, dies ist ein Erstlingswerk eines Spätberufenen, der daran geglaubt hat, dass Sie dieses Büchlein kaufen. Und wie man sieht, ist mein erster Wunsch in Erfüllung gegangen. Weiterhin möchte ich Sie bitten, dass Sie dieses Büchlein zum Lesen nutzen, es zum Beispiel auf den Nachttisch legen und vor dem Einschlafen noch einmal hineinschauen und es bald schmunzelnd zur Seite legen können und dann froh einschlafen. Ist mir das gelungen, dann haben Sie mir einen zweiten Wunsch erfüllt.

Zum Dritten – eine gute Fee gibt bekanntlich immer drei Wünsche frei: Sind Sie mit diesem Büchlein zufrieden, empfehlen Sie es weiter. Es sollte möglichst viele Leser und Schenkende zum Kauf reizen. Dann könnte es mir und meinem Verlag gelingen, aus diesem Wagnis Plus Minus Null herauszukommen. Für den Fall, dass es noch Gewinn abwirft, verspreche ich Ihnen, dass der Überschuss einem neuen Büchlein zugeführt wird.

Die nachstehenden Geschichten sind tatsächlich

und nahezu wahrhaftig geschehen. In dem einen oder anderen Fall könnte es aber auch passiert sein, dass hier oder dort ein klein wenig Jägerlatein mit eingeflossen ist. Das ist dann von mir auch so gewollt. Und wenn Sie in einem entsprechenden Kreis denkender und geistig beweglicher Menschen aus diesem Büchlein vorlesen, dann werden Sie sicherlich aufmerksame Zuhörer haben.

Das Vorlesen aus einem Buch mit Kurzgeschichten ist besonders dann zu empfehlen, wenn Ihre Gäste oder die lieben Verwandten damit anfangen, von ihren Krankheiten oder Urlaubserlebnissen zu labern. Oder sollte gar bei einer Feier ein Jemand anfangen, schlüpfrige Witze zu erzählen, dann greifen Sie das Büchlein und lesen Sie daraus etwas vor. Sie werden sehen und erfahren, auch in heutiger Zeit hat das Vorlesen noch Sinn.

Und nun – blättern Sie bitte weiter. Viel Freude.

*Walter Maciejewski*
*im September 2014*

## Apen-Franz

Apen ist Plattdeutsch und heißt Affen. Und Affen-Franz? Das klingt komisch. Aber Apen-Franz, da hat sich keiner was bei gedacht und jeder wusste, wer das ist. Er hieß Franz Ringe und lebte in Sorsum, einem Bauerndorfe vor Hildesheim.
Franz bewirtschaftete eine alte Wassermühle als Ausflugsgaststätte. Und ein Gastwirt muss nun auch Einkaufen fahren. So hatte er ein kleines Pferdegespann und auf dem Kutschbock saß stets schön fest angebunden ein kleiner Affe, der Franz immer auf seinen Fahrten begleitete. Das war für die Kinder in Hildesheim, wo er einkaufte, was ein Gastwirt so außer Bier alles braucht, interessant. Und ganz unbewusst machte der kleine Affe – ohne dass es was kostete – für die Sorsumer Mühle Werbung. Die Kinder wollten alle den Affen in Sorsum noch einmal sehen. So wanderten zu Fuß und per Fahrrad an den Feiertagen die Städter zur Sorsumer Mühle und kehrten dort ein. Und weil der Familienname Ringe in Sorsum mehrfach vertreten ist, hatte Franz schnell den Spitznamen weg.
Hätten Sie dem Apen-Franz einen Brief geschrieben mit der Adresse „Apen-Franz bei Hildesheim", der Brief wäre garantiert angekommen. Damals wusste die Post auch, wie die Kundschaft heißt.

Und Apen-Franz hat dafür gesorgt, dass sein Spitzname in aller Munde war. Was so ein kleiner Affe doch Werbung machen kann, ganz ohne Werbeagentur. Ein Affe, gut für's Geschäft.

## Puttäppel

Können Sie sich noch daran erinnern? Im Winter – draußen liegt Schnee. Es ist kalt, so richtig bitterkalt. Es gibt noch kein Fernsehen. Radio wird nur angeschaltet, wenn man Nachrichten hören will oder wenn das wöchentliche Hörspiel auf dem Programm steht. Radio nur wenn es nötig ist.

Auf dem Tisch sind Kerzen angezündet. Zentralheizung ist ein Fremdwort. In der Küche steht der Kohleneimer mit den Briketts und auf dem Herd der Wasserkessel, damit stets warmes Wasser bereit steht.

Heute ist Sonntag. Wir sitzen in der Guten Stube. Die wird nur sonntags und an hohen Feiertagen geheizt. Dort steht der Kachelofen. Gusseisern unten herum mit Ornamenten und darüber in glänzendem Steinzeug zwei übereinander liegende Fächer, oben fast unterhalb der Decke der Abschluss mit Verzierungen. Im Kachelofen steht meistens auch in einem Fach ein Wasserkessel.

Es ist gemütlich in der Guten Stube. An den Fenstern Eisblumen. Vor den Fenstern Handtücher, damit es nicht hineinzieht und wegen der schwitzenden Scheiben die Feuchtigkeit aufgesogen wird. Wir Kinder sitzen auf dem Fußboden und spielen. Jungens haben eine Eisenbahn, vielleicht eine Dampfmaschine mit Spirituskocherbetrieb oder ein Schaukelpferd. Die Mädchen spielen mit Puppen.

Der Schnee draußen dämpft alle Geräusche, Autolärm gibt es noch nicht. Gemeinsam mit Mutter singen die Kinder Volkslieder oder es wird Hausmusik gemacht. Es wird geblockflötet. Keiner sagt was, wenn mal ein Ton daneben geht – wir sind nicht so anspruchsvoll.

Im Fach im Kachelofen brutzelt es. Ein süßer Duft kommt aus dem Fach. Es sind Puttäppel, die durchgebacken sind. Wir Kinder freuen uns darauf, sie jetzt aufzuessen.

Ach, wie waren wir damals glücklich, anspruchslos und zufrieden. Ohne Technik und den heutigen Luxus. Wir lebten bescheiden und haben uns an Wenigem erfreut.

## Der Papagei in der Kneipe

In den Zeiten vor dem ersten Weltkriege gab es natürlich noch keine Musikboxen und keine Geldspielautomaten. Trotzdem hatten die Gastwirte in vielen Wirtshäusern, die derzeit die einzigen Kommunikationszentren waren, zur Unterhaltung der Gäste sich eine preiswerte und einfache Lösung einfallen lassen. Man hielt sich in der Gaststube einen Papagei. Die Haltung eines solchen Vogels ist recht problemlos und die Bierfreunde brachten dem Vogel etliche Sprüche bei, die nicht immer von der feinsten Art gewesen sind. So unterhielten sich Einsame und Tierfreunde mit dem Tier, jedenfalls glaubten sie, dass es so sei.
Der Wirt ersparte sich damit die perfiden Thekengespräche. Kurzum, so ein Papagei war eine Art Musikbox- und Geldspielautomatenersatz.

## Mein Kriegsende 1945

Nach dem Bombenangriff im März 1945, ehe die Amerikaner in Hildesheim einmarschierten, wurden die Vorratslager, von denen wir vorher überhaupt nicht gewusst hatten, dass es sie gab, von der Bevölkerung geplündert. So wurden in Hildesheim am Hafen und in der Malzfabrik, in Harsum, Wehmingen und an weiteren Stellen in der Umgebung Vorratslager von den ausgehungerten Menschen abgeräumt. Alles Mögliches gab es dort, Seife, Textilien, Schnaps und vor allem Lebensmittel.

In der Malzfabrik in Hildesheim, am Zimmerplatz, waren Schmalzfleischkonserven, Tomatenketschup, Tabak, Trockengemüse und was weiß ich nicht alles eingelagert. Wie ein Lauffeuer sprach sich das herum: In der Malzfabrik gibt es Lebensmittel. Mein achtjähriger Bruder lief ebenso wie alles, was Beine hatte, dorthin und kam mit einem Beutel Gerste an, davon haben wir später Muckefuck in der Bratpfanne gebrannt.

Ein Riesengedränge und Geschrei auf dem Gelände der Malzfabrik: alte Leute, Frauen und Kinder, alles drängelte sich, schrie und bölkte. Ein wahnsinniges Menschengewühl, ein brodelnder Ameisenhaufen von Menschen. SS-Männer liefen mit Gewehren umher, gaben Warnschüsse in die Luft ab und wollten damit die aufgewühlte Bevölkerung verjagen. Not und Hunger schrieben das Gesetz! Wer mit einem Fahrrad kam, musste mindestens eine Person zur Wache abstellen, damit er „organisieren" konnte. Innerhalb weniger Sekunden wäre der Drahtesel weg gewesen. Fahrräder und Handwagen waren damals die einzigen und so begehrten Transportmittel der Stadtbevölkerung.

Wir wohnten nach der Ausbombung in der Sprengerstraße und so war es für mich, einen Elfjährigen, zur Malzfabrik nicht weit. Mit einem Sack – so was lag da auch rum – habe ich unter der Laderampe gesessen und Zigarren aufgesammelt. Von oben flogen die großen Kisten aus den Luken, schlugen am Boden auf und siehe da, der Inhalt wurde von fleißigen Händen sofort gegriffen und irgendwie verstaut. Die Zigarrenstumpen – Blau-Weiss – habe ich, so gut ich welche greifen konnte, in meinen organisierten Sack gesteckt. Manchmal waren es Pakete, manchmal nur halbe und ganze Stumpen. Trotz meiner elf Jahre hatte ich bereits gelernt: erst organisieren und dann weitersehen. Irgendwie ließ sich das Zeug ja wohl verwerten.

Zuhause angekommen, habe ich einen kleinen Teil davon meinen Eltern gezeigt. Oh, mein Vater hat sich gefreut. Der rauchte aber gar keine Stumpen. In die Pfeife hat er sie zerbröselt und dann gepafft.

Und mein wertvolles Gut war flöten, zum Teil jedenfalls. Den überwiegenden Teil habe ich auf dem Hausboden in der Sprengerstraße 6 versteckt.

Dann kamen die Amis. Die sind überhaupt nicht einmarschiert. Kein einziger kam zu Fuß, alle saßen auf Panzern, Jeeps und Lastwagen. Die Menschen hatten weiße Betttücher aus den Fenstern gehängt und somit fiel in der Stadt kein Schuss. Ein Hildesheimer Arzt, Dr. Trost, hatte den großartigen Mut und ist den Amerikanern entgegengefahren und hat erklärt, dass sich die Stadt ergibt. Damit hat er Tausenden noch in der zerbombten Stadt verbliebenen Menschen das Leben gerettet. Die Amerikaner waren zum Kampf bereit.

Geplündert wurde von der Bevölkerung alles, was nicht niet- und nagelfest war. Es ging im wirklich wahrsten Sinne des Wortes drunter und drüber. Flüchtlinge wurden einquartiert, die hatten alles verloren, Hab und Gut, Heimat, Wohnung. Nur mit ein paar Sachen und dem wenigen, was sie am Leibe trugen, so sind sie hier angekommen. Die bitterste Not war Tagesordnung. Aber wir hatten alle das Ziel, überleben zu wollen.

Die Ausgebombten hatten, wie die Flüchtlinge aus dem Osten, auch nur noch das, was sie am Leibe trugen, und meist noch einen Rucksack mit dem

Nötigsten. Aber die Heimat war ihnen geblieben. Und der wertvolle gerettete Rucksack war für das Organisieren zum Überleben ein ganz wichtiges Transportmittel.

Anfang April besetzten die Amerikaner Hildesheim. Sie jagten die Bewohner der Villen, vorwiegend im Weinbergviertel und Katztor, ruckzuck aus den Häusern. Die ersten Tage durfte man nur wenige Stunden die Wohnungen verlassen, Öffnung der Sperrstunden hieß das.
Nachdem sich die Situation halbwegs beruhigt hatte und die Ausgangssperre für die Bevölkerung auf die Abend- und Nachtzeit begrenzt wurde, kamen die Menschen aus den Kellerlöchern heraus, in denen sie sich aus Angst vor weiteren Bomben und Granaten verschanzt hatten. Man wusste ja nicht, ob nun die deutsche Wehrmacht ihrerseits auf Hildesheim einen Angriff ausführen wollte.
Am 8. Mai 1945 kapitulierte das einstige Deutsche Reich bedingungslos. Nun versuchten die Menschen, ein normales Leben zu beginnen. Es brauchte nicht mehr verdunkelt werden. Wäre auch vorher nicht mehr nötig gewesen, denn Strom gab es noch nicht. Kerzen, Karbid und Petroleum waren die einzigen Leuchtmittel. Außerdem wurde es nicht mehr so früh dunkel. Gas zum Kochen funktionierte nicht.

Gekocht und geheizt wurde auf dem Herd. Alles was brennbar war, wurde verwertbar gemacht. Ich habe im Galgenberg Tannenzapfen gesammelt, täglich.

Der Sommer kam, wir Kinder gingen immer noch nicht zur Schule, weil es keine Schulen gab. Entweder waren sie zerbombt oder umfunktioniert zu Lazaretten. In der Nachbarschaft gab es einen Sandkasten, den haben wir Kinder zu einer Höhle umgebaut. Mit Holz überdeckt, den Sand darüber, so haben wir einen hervorragenden Spielort gehabt.
Wir nannten das unseren Bunker. Und von Bunkern kannten wir was von. Viele Nachbarskinder kamen dorthin. Die Älteren hatten auch etwas organisiert, einer hatte Rotwein, der andere Kerzen. Wieder einer brachte Obst mit. Irgendetwas hatte jeder. Philipp kam mit dem „Kilometerstein", einem Liederbuch, mit dem man heute noch Volks- und Spaßlieder singen könnte. Das war eine ganz besondere Attraktion.
Nun, mit Rotwein bei Kerzenbeleuchtung und mit meinen mitgebrachten Blau-Weiß Stumpen haben wir, alle so zwischen zehn und fünfzehn, hervorragend gefeiert und gesungen. Die meisten Jungen waren älter als ich.
Mein jüngerer Bruder war auch mal dabei. Er hat aber zuviel vom Rotwein getrunken und das Rauchen ist ihm auch nicht bekommen. Auf gut Deutsch, er

hat gekotzt wie ein Reiher, ihm war sauschlecht. Oben in Nummer sechs, wo wir in der vierten Etage wohnten und uns die Wohnung mit drei Familien teilen mussten, hat er alles erzählt und mich dabei natürlich mit verpetzt.

Mein Vater hat mir mit einer gehörigen Standpauke das Rotweintrinken und das Rauchen strengstens verboten.

Und die Zigarren sollte ich abgeben.

Die Zigarren habe ich zwangsweise mit meinem Vater geteilt, d. h. einen Teil habe ich einbehalten, den anderen geringeren abgegeben und gesagt, das wäre die gesamte Menge. Von dem anderen Teil wusste er nichts.

Und am anderen Tage habe ich bei den Nachbarsjungen unten in der Sandkistenhöhle natürlich wieder mitgemacht. Einer hatte eine Laute dabei, es wurde gesungen, Rotwein getrunken und geraucht. Geraucht wurden natürlich meine Stumpen. Es war richtig schön und urgemütlich. Mein Vater guckte zufällig oben aus dem Erkerfenster und sah aus der „Höhle" Rauch abziehen. Er schöpfte Verdacht. Der kurze schrille Familienpfiff ertönte. Zu jener Zeit hatte jede Familie eine besondere Pfeifmelodie. Und auf diesen Familienpfiff gehorchte ich wie ein gut erzogener Hund. Raue Sitten herrschten damals! Sofort aus der Höhle und nach oben in die Erkerwohnung. Da stand mein Vater in der Wohnungstür schon bereit.

Zu einem Schaukelpferd, das den Bomben anheim gefallen war, gehörte auch eine Pferdepeitsche, die war leider in den Trümmern unseres zerbombten Hauses nahezu unversehrt wiedergefunden worden. Sie gehörte zu dem wenigen geretteten Mobiliar und diente nun zur Kindererziehung. Diese Peitsche stand immer hinter dem halb kaputten Sofa, das teilweise aufgerissen war und nur noch drei Beine hatte, weil es durch die Luftmine schwer gelitten hatte. Und wehe, wenn einer sie da weggenommen hatte. Die Peitsche – noch heute denke ich daran, wenn ich einen Kutscher mit einer Peitsche sehe – diese Peitsche war für mich der Horror. Vater empfing mich an der Korridortür, nicht gerade freundlich. Und in der Hand diese fürchterliche Peitsche! Und dann ging das Gewitter los.

„Was hast du da unten gemacht?" Ich: „Gespielt".
„Hauch mich an!"

Natürlich stank ich nach Tabakrauch. Mein Vater hat mich überhaupt nicht mehr zu Wort kommen lassen und mich durchgeprügelt. Ich habe geschrien, als würde ich abgemurkst. Er wurde noch wütender und brüllte: „Wenn du nicht ruhig bist, gibt's noch mehr". Endlich ging Mutter dazwischen und schrie: „Lass den Jungen in Ruh, hör auf!"

Ich musste ohne Abendbrot ins Bett. Blaue Striemen habe ich tagelang gehabt und konnte mich nicht auf der Straße sehen lassen. Ich habe nicht nur unter den Schmerzen gelitten. Durch die Kriegsereignisse herrschten überall raue Sitten, das ging bis in die Familien.

Und meinen restlichen Vorrat Blau-Weiß Stumpen musste ich abgeben. Rauchen war zu der Zeit wohl nur für Kinder schädlich. Erwachsene kriegten sogar eine Raucherkarte, damit konnten sie Tabakwaren einkaufen. Außerdem wurden Tabakpflanzen schwarz angebaut. Und wer Geld hatte, organisierte sich Amis. Kosteten so um die sieben Mark, das Stück. Ich habe auf Grund meines schrecklichen Erlebnisses bis zu meinem 23. Lebensjahr nicht eine Krume Tabak angerührt.

## Kartoffelkäfer

Der Kartoffelkäfer wurde nach Europa aus Nordamerika eingeschleppt. Er bedrohte nach dem Kriege durch seinen Blattfraß die Ernten. Wir Schulkinder wurden, weil wegen Raummangel kein Schulunterricht stattfand, zum Absammeln dieser Schädlinge mit den Lehrern auf die Felder abkommandiert.

Das Wort „Kartoffelkäfer" wurde bei den Einheimischen vorwiegend auf dem Lande auch für damals unfreiwillige Einwanderer, die Flüchtlinge aus den Ostgebieten, als Schimpfwort benützt. Kartoffelkäfer wurden sie abfällig genannt, weil man sie als Eindringlinge betrachtete. Obwohl sie als Vertriebene dieses Schicksal nicht gewollt hatten und ebenfalls deutsche Bürger waren.

Kurz vorher waren diese Leute in guten Verhältnissen lebend noch ihrer Arbeit nachgegangen, über Nacht wurden sie heimatlos und verloren alles Hab und Gut. Dass sie nun vorwiegend in landwirtschaftlichen Gehöften einquartiert wurden und mit den Einheimischen unter einem Dach leben mussten, brachte verständlicherweise viele Probleme mit sich.

Auf keinen Fall wollten die Reichen sich mit den Habenichtsen verbrüdern. Dennoch entstand so manche Liebesbeziehung und mehr.

Die bösen Neider nannten die Flüchtlingskinder abfällig „Kartoffelkäfer". Es hat nicht lange Zeit gedauert und die Wirtschaft florierte, die „Kartoffelkäfer" brachten es mit Fleiß und etwas Glück wieder zu Wohlstand und wurden integriert.

Wie jede Völkerwanderung hat letztlich die Blutauffrischung uns allen gut getan. Und heute gesteht so manches Flüchtlingskind mit Stolz: „Ich war ein Kartoffelkäfer".

Heute spricht kein Mensch mehr über Kartoffelkäfer, die einen sind ausgerottet, die anderen sind Leute wie du und ich.

## Schwarzschlachten für Hanomag

In Hannover-Linden gibt es die Hanomag-Werke. Die stellten vor dem zweiten Weltkriege Personenwagen und Schlepper her. Der Volksmund prägte den Spruch: Ein bisschen Blech, ein bisschen Lack, fertig ist der Hanomag. Durch die Bombardierung des Werkes im Kriege waren die Maschinen zum Bau von Personenwagen völlig zerstört worden. Hanomag baute dann nur noch Schlepper. Das waren hervorragende Arbeitstiere, die in der Landwirtschaft jahrzehntelang Dienst taten. Der Haken an der Sache war, man bekam diese Arbeitstiere nach dem Kriege nur auf Bezugsschein bei Nachweis einer besonderen Dringlichkeit.

Oswald Krüger lebte in einem kleinen Dorf hinter Hildesheim und hatte einen landwirtschaftlichen Betrieb, für damalige Verhältnisse in mittlerer Größe. Heute wäre sein Quesenhof schon nicht mehr existent, bestenfalls würde es da noch zum SOS-Bauern reichen. Zur Erläuterung: SOS-Bauer heißt Sonnabend-Sonntag-Bauer, also Nebenerwerbslandwirt. Also Oswald Krüger – als Beruf gab er immer Hofbesitzer an, obwohl er eingeheiratet hatte – betrieb eine kleine Landwirtschaft von vierzig Morgen, hatte Vieh aller Sorten und schlug sich so durch. Und das nach dem Kriege gar nicht so schlecht. Oswald war gebürtiger Eichsfelder. Eichsfelder sind meistens Kleinbauernsöhne. Und wenn sie nichts gelernt haben in der Schule, zwei und zwei können sie zusammenzählen und in der Praxis kommt bei denen meistens sogar fünf dabei heraus.

Wie gesagt, Oswald hatte das Talent zum Organisieren, wie man das damals nannte. Auf seinen Lebensmittelkarten stand dick gedruckt „Selbstversorger". Und die Selbstversorgung hat Oswald sehr breit gefächert betrieben. Er hatte sich spezialisiert auf Schwarzschlachten und Schwarzhandel.

Oswald kungelte alles Mögliche. Gänse gegen goldene Ringe, Perserteppiche gegen Schweine. Ein Rind hatte er bereits gegen ein neues komplettes Chippendale-Wohnzimmer eingetauscht. Und ein Klavier hatten sie auch schon in der Sonntagsstube, mit dem Ding konnte allerdings keiner in der Familie was anfangen. Hühner wechselten den Besitzer gegen Bettwäsche. Oswald hatte bereits die Aussteuer für seine Tochter komplett in der Aussteuerkiste, obwohl Elisabeth erst zwölf Jahre alt war. Oswalds Mathilde hatte allerdings ungeheure Angst wegen seiner kriminellen Machenschaften. Schwarzhandel und Schwarzschlachtung wurden mit Gefängnis bestraft, und das recht streng. Und für Mitwisser – das war Mathilde schließlich mit Sicherheit – wäre im Ernstfall ein Einzelzimmer mit gesiebter Luft ganz selbstverständlich gewesen. Städter aller Berufsgruppen kamen abends, meistens bei Dunkelheit, zu Besuch in das kleine Dorf hinter Hildesheim. Alle Bauern schummelten und schoben damals, genau wie die Städter. Oswald war der Größte. Bei ihm trafen sich Männlein und Weiblein, die zu Fuß mit Rucksäcken kamen. Manche hatten sogar ein Fahrrad, das war ein wichtiges Transportmittel. Die größten Schieber fuhren sogar mit dem Auto vor, das sie irgendwo aufgestöbert und den ursprünglichen Besitzern für reichlich wertlose Reichsmark oder Lebensnotwendiges abgejagt hatten.

Die Polizei hatte den Auftrag, ganz besonders auf Einbrecher, Diebe, Schwarzhändler und schwarzschlachtende Landwirte ihr Augenmerk zu richten. Dafür wurde sie schließlich beschäftigt und bezahlt. Aber auch Polizistenkinder haben zu der Zeit Hunger gehabt. So hat der Tschako – der böse Ausdruck „Bulle" war damals noch unbekannt – bei entsprechender Würdigung seiner Dienstaufsichten so manches, was verboten gewesen ist, übersehen. Dafür gab es dann mindestens ein paar Dosen Wurst und andere Nahrhaftigkeiten. Oswald hatte sogar Amis, also amerikanische Zigaretten. Kosteten in Hildesheim am Bahnhof sieben Reichsmark das Stück. Und jede Menge Schluck. Vom französischen Cognac bis zum Rübenol. Rübenol war zu der Zeit vor der Währungsreform das alkoholische Wunder aus Zuckerrüben, natürlich schwarz gebrannt und dennoch durchsichtig wie Wasser und in fast jedem Hause vorzufinden. Und der Dorfpolizist hat im Dorfe vieles übersehen, sich damit reichlich Ärger und Schreiberei erspart. Und schlecht gefahren ist er damit auch nicht.

Oswald hatten die amerikanischen Besatzer als Bürgermeister eingesetzt. Er war weder in der Partei noch in der SA gewesen. Nirgendwo hatte Oswald sich bei den Braunen engagiert. Sogar vor dem Volkssturm hatte er sich gedrückt. Und weil Oswald im Kirchenvorstand aktiv war und seinen Fremdarbeiter, einen Polen, immer recht gut behandelt hatte, wurde Oswald Amtsperson. Das ist ein Ehrenamt, von dem man nicht leben konnte. Das Auge des Gesetzes sah über seine Aktivitäten großzügig, aber nicht uneigennützig, hinweg. Er war für die hungernden Städter eine gute Adresse. Und Oswald tat das alles, wie er stets sagte, um anderen zu helfen. Die größte Hilfe ließ er sich selbst und seiner Familie zukommen.

Im Hauptberuf ist Oswald, wie schon gesagt, Bauer gewesen und musste sich ganz schön abrackern. Ein kleiner Lanz Bulldog und zwei Pferde besorgten

den Acker. Mathilde war für Hühner, Schafe und Schweine zuständig. Kühe und Rinder versorgte der Chef selbst. Bauern mussten seinerzeit aufgrund der Viehzählungen nach Abzug eines Eigenkontingentes Eier, Korn, Kartoffeln, Federvieh, Schweine und Großvieh abliefern. Bei der Viehzählung hat Oswald natürlich jedes Mal kräftig geschummelt. Musste er auch, sonst hätte der Handel nicht florieren können. Und wenn es mit der Zahl des Ist und des Soll nicht mehr stimmte, wurde wieder ein Diebstahl gemeldet.
Oswald wünschte sich sehnlichst einen neuen Trecker. Der alte Lanz wollte und konnte nicht mehr, was von ihm verlangt wurde. Ein Kollege aus dem Nachbardorf hatte auf Bezugsschein einen niegelnagelneuen Hanomag gekriegt, weil ihm der bisherige Traktor gestohlen wurde. Krügers größter Wunsch war natürlich, auch solch einen Traktor zu haben. Nur, wie dran kommen? Zumal er ja den uralten Lanz Bulldog hatte, war ein besonderer Bedarf nicht vorhanden. Mit Bezugsschein war da nichts zu machen. Und Krüger hätte doch so gerne einen neuen Trecker gehabt, denn angeben, das mochte er ganz gern. Mit so einem großen Trecker auf seinem kleinen Hof. Oh! Die Nachbarn würden staunen. Nicht nach Können, sondern nach Betriebsgröße und Kopfzahl des Großviehes ließen sich Bauern messen. Oswald hatte seinen sehnlichsten Wunsch gegenüber

einem seiner „Kunden außerhalb der Legalität" mal geäußert. Es müsste doch sein, einmal so einen Traktor zu organisieren.

Sein Geschäftsfreund, der Schummel-Willi, sagte ihm zu: „Dir kann ich eventuell einen fabrikneuen Hanomag Ackerschlepper besorgen. Direkt vom Werk. Ich werde mal meine Beziehungen spielen lassen. Allerdings kostet die Vermittlung was." Heidewitzka! Oswald Krüger sagte dem Willi, dessen Nachnamen eigentlich keiner kannte, denn Schieber und Schwarzhändler lebten gefährlich: „Lieber Willi, wenn du das hinkriegst, dann bist du mein Freund bis an mein Lebensende." Und Willi kriegte es hin.

Eines Tages kamen drei gut gekleidete Herren in das kleine Dorf und besuchten den Bürgermeister. Der dachte zuerst, es sei eine Kommission vom Landratsamt. Die Leute stellten sich mit ihren Vornamen vor: Karl, Erwin und Hermann. Sie sagten, dass sie von der Hanomag kämen und von einem guten Freund gehört hätten, der Herr Bürgermeister wäre an der Anschaffung eines Traktors ihrer Firma interessiert. Höflich wurden die Herren in die Sonntagsstube geleitet, Mathilde kochte echten Bohnenkaffee, eine Eichsfelder Stracke kam auf den Tisch. Amerikanischer Whisky wurde gereicht. Die Herrschaften wurden fürstlich bewirtet.

Nach eingehenden Gesprächen, deren Inhalt natürlich streng vertraulich war, wurde allerhöchste Geheimhaltung versprochen. Die Herren sagten zu, nächste Woche wollten sie wiederkommen mit einem vorbereiteten Liefervertrag für einen fabrikneuen Ackerschlepper der Marke Hanomag. Oswald gab den Hannoveranern jedem noch ein reichliches Paket mit Nahrhaftigkeiten mit.

Wie vereinbart kamen die freundlichen Herrschaften pünktlich in der nächsten Woche wieder mit einem Formular. Oben drauf stand „Hanomag" in Großbuchstaben. Einer der Hannoveraner zückte den Füllfederhalter und schrieb auf: Die Hanomag verpflichtet sich, innerhalb eines dreiviertel Jahres an Herrn Hofbesitzer Oswald Krüger in (den Ort verrate ich nicht) einen fabrikneuen Trecker zu liefern. Als Liefertermin war der 1. Dezember 1947 vorgesehen. Der Paragraf 2 besagte, dass der Hofbesitzer Krüger dafür landwirtschaftliche Naturalien zu liefern hat. Und dann wurde alles genau im Einzelnen aufgezählt, Schweine im geschlachteten Zustand, Hühner, Gänse, drei Schaflämmer, mehrere Zentner Korn, jede Menge Kartoffeln und Eier.

Die Ware sollte in wöchentlichen Raten abgeholt werden und der Arbeiterschaft des Werkes infolge Lebensmittelknappheit zugute kommen.

Schließlich wurde noch schriftlich festgelegt, dass höchste Geheimhaltung vereinbart war und niemand von diesem Geschäft erfahren dürfe. Krüger hat unterschrieben. Die Herren nahmen das Papier mit, weil es ja noch von der Direktion gegengezeichnet werden müsse. Bei einem solchen seriösen Geschäft müsse auch alles seine Richtigkeit haben. Der Bauer Krüger stimmte zu und besiegelte den Vertrag mit seiner Unterschrift.

Nach einer Woche kam ein Brief ohne Absender an den Bürgermeister Oswald Krüger – Inhalt: der bewusste Kaufvertrag. Links waren zwei unleserliche Unterschriften, dahinter jeweils der Zusatz „Direktor". Da hätten Sie mal Krüger erleben sollen. Er war voll des Glückes.

Nun kamen wöchentlich einmal die Hannoveraner. Die „Abholer" wechselten. Sie gaben sich nach Logenbrüderart mit dem Stichwort „Wir kommen von der Hanomag" zu erkennen. Sie erklärten mit ehrlicher Miene, dass sich die Metaller doch über die neue Lieferung wieder freuen könnten. Für die eigene Familie schnurrten sie jeweils noch ein Fresspaket und zogen fröhlich von dannen. Unser Bauer lieferte prompt, schließlich hatte er einen schriftlichen Vertrag mit einer festen Zusage für einen Ackerschlepper. Seine bisherigen Kunden konnte Oswald nicht mehr beliefern, schließlich ging alles für den neuen Traktor drauf.

Die Ladung Kartoffeln wurde sogar mit einem amerikanischen Lastkraftwagen abgeholt. Ganz offiziell, gegen Quittung versteht sich.

Der 1. Dezember rückte näher. Die vereinbarte Lieferung war erfüllt. Da kamen die drei Herren, Karl, Erwin und Herrmann wieder und erklärten, wegen gestiegener Rohstoffpreise und Materialschwierigkeiten verzögere sich nicht nur die Lieferung, nein, Oswald müsse noch bis Januar nachliefern.

Nach zähen Verhandlungen – Oswald Krüger meinte, der Vertrag sei erfüllt und pochte auf seinen Vertrag – gelang es den Hanomagleuten, weitere Lieferung zu bekommen.

Im neuen Jahr kamen keine Leute von der Hanomag mehr, der Traktor kam auch nicht. Da hat der Hofbesitzer Krüger bei seinem Vermittler, dem Schummel-Willi, Zoff gemacht. So ginge das nicht weiter, er hätte doch alles geliefert, verarschen könne er sich selber, brüllte er den verdutzten Willi an. Dieser versprach Hilfe.

Nach ein paar Tagen kam Willi freudestrahlend zu seinem Hofbesitzer und erklärte ihm, am nächsten Freitag könne er den Trecker persönlich in Hannover-Linden bei der Hanomag um 11 Uhr abholen. Mathilde hat ihren Oswald mit dem Bulldog, der nach mehreren Kraftakten endlich ansprang, zum Hildesheimer Hauptbahnhof gebracht. Von da aus ist er dann mit der Elektrischen, der 11, nach Hannover

gefahren, dick eingepackt, schließlich war es Winter. Und im Winter auf dem neuen Trecker sich eine Lungenentzündung zu holen, will man ja vermeiden. Endlich am Werkstor angekommen, steht da sein „Freund Karl", mit dem er den Vertrag gemacht hat. Oswald ist überglücklich. Karl dämpft die Freude, es habe Schwierigkeiten mit der Reifenlieferung gegeben. Der Trecker sei noch nicht abholbereit. Oswald wird fuchtig und will mit der Geschäftsleitung sprechen. Justement kommt in diesem Augenblick ein gut gekleideter Herr im dunkelblauen Anzug, Aktenmappe unter dem Arm, weißes Hemd mit Krawatte, Arbeitgeberhut daher. Karl: „Mensch, Oswald, da kommt der Direktor, der für alles verantwortlich ist." Und jetzt geht's los: „Ach Sie sind der nette Herr Krüger. Sie haben uns ja sehr geholfen. Ich bin Ihnen im Namen unserer Belegschaft sehr dankbar. Das tut mir ja leid, das wir heute nicht liefern können. Wir haben Probleme mit der Reifenlieferung. Bitte gedulden Sie sich noch ein paar Wochen."
Bauer Krüger war fasziniert von dem Herrn Direktor. Seine Wut hatte sich gelegt, schließlich hatte er jetzt die persönliche Zusage von dem Herrn Direktor. Und weiter geliefert hat er auch.

Um es kurz zu machen, Hanomag hat keinen Traktor geliefert. Die wussten überhaupt nichts von der

„schriftlichen Vereinbarung". Der Hofbesitzer Oswald Krüger war schlicht und einfach auf Betrüger hereingefallen. Alles Schwindel, auch der Vertrag.

In seiner Wut und Enttäuschung ist unser Bäuerlein nach Hildesheim zum Rechtsanwalt gegangen. Er wollte die drei Unbekannten verklagen und anzeigen. Sein Anwalt gab ihm den Rat: „Wenn Sie die anzeigen, dann gehen Sie, verehrter Herr Krüger, auch mit in den Bau, wegen Schwarzschlachtens, Schwarzhandel, Viehzählungsbetrug, Steuerhinterziehung und vieles mehr. Und ausgerechnet Sie als Bürgermeister! Betrachten Sie das alles als lehrreiche und teure Erfahrung, Herr Krüger."

Mit hängenden Armen und ziemlich verstört ist er zuhause angekommen. „Hab ich's gewusst", hat seine Mathilde gezetert. Gar nichts hat sie gewusst und mitgemacht hatte sie auch. Schummel-Willi hat sich vorsichtshalber nie wieder sehen lassen. Und stille sein mussten sie alle.

Nun sagen Sie bloß nicht, dass diese Geschichte von mir erfunden ist. Den Namen des Bauern habe ich geändert und sage ihn nicht. Aber sonst ist alles so geschehen, wie ich es geschrieben habe.

## Mit zwölf Unternehmer

Nach dem zweiten Weltkriege gab's außer auf Lebensmittelkarten wenig zu essen oder was man so noch zum Leben brauchte. Möbel und Kleidung – so es überhaupt etwas gab – wurden nur auf Bezugsschein verkauft. Es sei denn, man hatte Beziehungen oder was zum Tauschen. Also alle Welt tauschte, schlachtete schwarz, brannte Rübenschluck, handelte mit Amis – amerikanischen Zigaretten – oder schummelte sich irgendwie so durch. Das kriegte ich als Zwölfjähriger natürlich mit.

Nun wollte ich auch zu was kommen. Mit Taschengeld war das früher nicht so weit her, denn man musste es sich verdienen – mit Tätigkeiten, die Erwachsene „deligierten", also nicht machen wollten. Und die Vergütung war nie sicher.

Wir hatten einen eisenbereiften Fahrradanhänger, Marke „Annahütte", dessen Räder hatten keine Kugellager. Das Ding war von meinem Großvater im Tausch erstanden für schwarz gebrannten Rübenschluck. Aber dafür brauchte man auf dem damaligen Kopfsteinpflaster keine Fahrradklingel, so holperte das Ding. Ein einfacher Fahrradanhänger, primitiv, einsatzfähig und schwergängig. Natürlich wollte ich auch was unternehmen, zumal wir durch die Schule überhaupt nicht ausgelastet waren. Schule war nur zweimal in der Woche nachmittags in irgendeinem Kirchengemeindesaal und dazu im Sommer einmal wöchentlich „Kartoffelkäfersuchen".

Unser Anhänger wurde mal an einen Kleingärtner verliehen, der damit Pferdemist fuhr. Das war die Geschäftsidee! Kurzum, ich habe Pferdemist – da gab es schließlich genug von – mit Kehrblech und Besen aufgesammelt und in der Kleingartenkolonie „Hohnsen" an die Laubenpieper verkauft. Die zahlten dafür gern und gut.

Die Mark war ja nichts wert, was ich damals noch nicht so recht erkennen konnte. Aber mein Geschäft lief hervorragend. Und für Leute, die keinen Handwagen, kein Fahrrad oder andere Transportmöglichkeit hatten, habe ich dann Koffer zum Bahnhof und was man so als „Zwölfer" verkraften konnte, als Lohnunternehmer befördert. Kleingärtner mussten für Erntetransporte wie Kartoffeln natürlich mit Ware zahlen, Bares bekam ich nur für Pferdemist.

1947 konnten wir dann wieder zur Schule gehen – Unterricht war in Kneipen, Gemeindesälen und der Freimaurerloge. Und nach der Währungsreform im Juli 1948 hatten die Kleingärtner kein Geld für meinen Mist. Aus Zeitmangel und Rentabilitätsgründen habe ich mein Gewerbe dann einstellen müssen.

## Der Motorradkauf

Nach der Währungsreform 1948 gab es nur wenige Autos, vorwiegend Pferdegespanne besorgten das Verkehrsgeschehen. Personenwagen waren „zum Fronteinsatz herangezogen" worden und neue Autos gab es nur auf Bezugsschein. Motorräder, die irgendwo versteckt waren, erwachten wieder zum Leben. Privatleute hatten andere Sorgen als die Anschaffung eines Autos. Die Motorisierung begann langsam, aber stetig, und wir Halbwüchsigen träumten von Fahrzeugen. Ein Auto schien für mich unerreichbar, ein Motorrad, ja das wär's. Knickriem in der Gartenstraße hatte reihenweise Motorräder im Schaufenster, und wenn ich zu Maaßberg in die Binderstraße zum Milchholen geschickt wurde, habe ich mir die Nase bei Knickriem an den Fenstern platt gedrückt. Ja, so ein Motorrad, das war mein Traum.

Eines Tages hörte ich von irgendjemandem, ich weiß nicht mehr von wem, ein Motorrad wäre für 40 DM in einer Gartenkolonie bei Ochtersum zu verkaufen. Ich hatte zwar keine vierzig von der kostbaren neuen Deutschen Mark – aber erst mal hin. Nach Fragen und Suchen fand ich endlich einen hutzeligen alten Mann, der das „Gewünschte" haben sollte. Es war aber gar kein Motorrad, sondern ein gebrauchter ausgebauter Fahrradhilfsmotor in einem Pappkarton. Einbaumotor Lutz, 58 ccm, Hersteller Lutterwerke Braunschweig, Eingangetriebe, der Tank sah aus wie eine Bockwurstdose, die Zündspule hatte man in eine Blechbüchse gesteckt, das ganze etwa Baujahr '46.

Ich handelte erst mal den Preis auf fünfunddreißig Mark runter, ohne zu wissen, ob das Ding auch lief, zahlte mein gesamtes Vermögen von 23 DM an, was ich mir durch Altpapiersammeln verdient hatte, und fuhr nach Hause. Meine Mutter bettelte ich um Geld für ein Schulbuch an, mein Bruder lieh mir sechs Mark. So hatte ich dreiunddreißig Märker zusammen.

Also nach ein paar Tagen – nachdem die „Finanzierung gesichert" schien – auf nach Ochtersum. Der alte Mann hatte mit mir ein Einsehen und verkaufte mir nach langem Hin und Her endlich den Fahrradeinbauhilfsmotor „Lutz". Vermutlich musste er den Preis anerkennen, weil die Anzahlung schon verbraten war.

In der Almsstraße angekommen, einen Pappkarton mit Eisenteilen auf dem Gepäckträger meines Rades, das nun ein Motorrad werden sollte – es war schon dunkel, kalter November, es regnete und ich hatte mich erheblich verspätet – da stand mein Vater hinter der Haustür. – Owei! „Wo kommst du her?" fauchte mich mein wütender Erzeuger an. Diese Stimme holte mich aus den tollsten Zukunftsträumen. Ich: „Von draußen". Bautz, bautz gab's was aus der „Armenkasse". „Was ist das da in dem Karton?" Ich fing mich wieder und erklärte heulend, aber mit Besitzerstolz: „Ein Motorrad". Da setzte es wieder reichlich, weil sich mein Vater nun „auch noch verschaukelt" fühlte. Sekunden vorher war ich noch ganz stolz. Schließlich würde ich Besitzer eines Motorrades durch den Inhalt des Kartons und meines Fahrrades, das ich von meinem Großvater bekommen hatte. Und nun diese Demütigung, die ich meinem Vater nie vergessen habe.

Am anderen Tage sah es dann ganz anders aus. Der „Alte" hat beim Einbau mitgeholfen, vermutlich wusste er, dass da was gutzumachen war. Schließlich lief das Ding, machte einen Wahnsinnsspektakel. Ich war motorisiert. Aber mein Finanzierungspartner, mein elfjähriger Bruder machte „Ansprüche geltend", denn er hatte das Ding ja mitfinanziert. Also, dieser verdammte Bengel hat bei jeder Gelegenheit Spritztouren gemacht. Benzin war teuer, die Mühle fuhr mit Gemisch 1:25, fraß cirka fünf Liter und der Tank war dauernd leer. Nachdem auch noch die Kette am Fahrradrahmen gefressen hatte, musste ich den Motor ausbauen, damit bei Schirmer der Rahmen geschweißt wurde. Ich habe dann aus

„finanziellen Gründen" das Motorradfahren aufgegeben und meinen Hilfsmotor mit Verlust verkauft. Aber bei Knickriem habe ich mir noch jahrelang am Schaufenster die Nase platt gedrückt.

## Der Weihnachtshase

Ich hatte schon drei Jahre den Jagdschein, aber so richtige Jagdgelegenheit hatte ich nicht. Mein erster fahrbarer Untersatz mit Dach war eine BMW Isetta, Spötter sagten „Adventsmühle" (Macht hoch die Tür). In unserer Nachbarschaft wohnte ein Jäger und Jagdpächter, der war unmotorisiert und fuhr mit dem Bus zum „Hildesheimer Wald", um dann per Pedes in sein Revier zu kommen. Der kriegte spitz, dass ich Jäger bin. Er bot für Fahrdienst Jagdgelegenheit. So war beiden geholfen.
Zu Weihnachten sollte ich mir einen Hasen schießen. Und diesen Hasen hatte ich im Voraus – bereits zu seinen Lebzeiten – meinen Eltern als Weihnachtsgeschenk zugedacht und versprochen.
Das wollte überhaupt nicht klappen mit dem Hasen. Entweder war kein Hase da oder er war für einen Schuss zu weit. Und Heiligabend 1956 war der letzte Versuch. Ich war noch bei meinen Eltern „in Kost und Logis". Und weil am 24.12. wohl kaum mit Versicherungsabschlüssen zu rechnen ist, bin ich auf Ansitz gefahren. Außerdem ist es im Walde schöner als in der Kirche, die an diesem Abend bekanntlich brechend voll ist.
Es wurde früh dunkel, Schnee fiel lautlos, der Wald verzauberte sich, gedämpftes Glockengeläut war

gerade noch hörbar. Angenehm kalt, es war ein schöner Abend, den ich in vollen Zügen genossen habe. Aber ein Hase war nicht sichtbar und kam deshalb auch nicht zur Strecke.

Ich baumte ab, ging zu meiner Isetta, packte meine Sachen ein und fuhr los. Nach wenigen hundert Metern eine Senke – und die beiden Hinterräder drehten durch. Vorwärts – rückwärts – vorwärts. Nichts ging mehr. Die Isetta sank immer tiefer ein. Und ich mutterseelenallein im tiefen Wald. Das muss man sich mal vorstellen! So richtig mitfühlend vor Augen halten! Diese „Sch... Situation"!

Mit Wagenheber und Reisigholz, das ich unter die Achse gelegt habe, habe ich die „Mühle" wieder flott gekriegt und bin mit drei Stunden Verspätung – so gegen neun Uhr abends – durchgefroren, schlammbespritzt, durchgeschwitzt, ohne Hase in der Wohnung meiner Eltern aufgetaucht. Endlich Licht und Wärme. Ich habe ausgesehen wie ein Keiler, frisch der Suhle entstiegen.

Was ich an diesem Abend zu hören bekommen habe, hatte nichts mit „Frieden auf Erden" zu tun, es war eine „Schöne Bescherung".

## Ins Personalbüro bestellt

Ich war im zweiten Lehrjahr und lernte bei der Landschaftlichen Brandkasse Hannover. Man wurde zu allen Abteilungen abgeordnet, um das gesamte Betriebsgeschehen kennenzulernen. Auch gab es jeweils eine Beurteilung des Lehrlings vom Abteilungsleiter. Draußen sagten viele Leute „Landwirtschaftliche Brandkasse", das lag wohl daran, dass man sich in der Bevölkerung unter landschaftlich nicht allzuviel vorstellen konnte und die Brandkasse damals sehr stark im landwirtschaftlichen Bereich tätig war. Scherzhaft hieß es beim Personal auch mal „verwandtschaftliche Brandkasse", weil der Arbeitsplatz in vielen Fällen Ehestifter war.

Im Dezember 1954 hatte man mich in eine Abteilung gesteckt, die für heutige Verhältnisse unvorstellbar ist. Die Hauptregistratur machte morgens die Post auf. Ein „beamteter Oberinspektor" war der oberste Brieföffner und betrachtete sich als wichtigsten Mann des Unternehmens. Da wurde Eingangspost – vornehmlich Briefumschläge – vom Inhalt befreit und als Lehrling hatte man die verantwortungsvolle Aufgabe, sämtliche leeren Briefumschläge noch einmal zu kontrollieren, ob denn um Gottes Willen auch aller Inhalt entnommen worden war. Nachmittags gab es „Schnippelkleben". Das war die

Einrichtung eines Hauslexikons über sämtliche nicht versicherungsvertraglichen kundenbezogenen Vorgänge auf höchst primitive Weise. Und sonst saß man da rum, konnte Berichtshefte schreiben oder in irgendwelchen Akten lesen. Mit der eigentlichen Berufsausbildung hat die Hauptregistratur gar nichts zu tun gehabt. Und der Herr Oberinspektor Beckmann, nach dem General die wichtigste Persönlichkeit, ließ es nicht zu, dass man als Lehrling im „Monat Hauptregistratur" Urlaub nahm. Schließlich musste ja jeder Briefumschlag noch einmal auf Herz und Nieren geprüft werden, ob er denn wirklich leer war.

Eines Morgens wurde ich per Telefonanruf ins Personalbüro bestellt. O Gott! Hatte ich was ausgefressen? Oder sollte dieser verdammte Beckmann, den ich nicht mochte, mich irgendwie …? Denn hin und wieder hatte der Zug nach Hannover Verspätung und auf Pünktlichkeit wurde im Hause großer Wert gelegt. Sollte mich Beckmann eventuell wegen Zuspätkommens angeschwärzt haben? Ich hin. Im Vorzimmer freundlicher Empfang wie immer. „Bitte setzen Sie sich. Herr Doktor von Ribbeck ist in einer Besprechung."

Nach langem Warten und quälender Ungewissheit werde ich endlich in die Höhle des Allmächtigen geführt. Begrüßung mit Handschlag. „Bitte nehmen

Sie Platz." Dass ich jetzt nicht zum Abteilungsleiter befördert würde, war mir klar. Aber weshalb ich da saß, das ahnte ich beim besten Willen nicht.

Und dann begann das hohe Tier: „Herr M., Sie sind doch Jäger. Können Sie Hasen abziehen?" „Natürlich" konnte ich, und mir rutschte ein Stein vom Herzen, dass es nichts Schlimmeres war. Zwei oder drei Hasen hatte ich wohl schon abgebalgt. „Melden Sie sich bei der Kantinenköchin. Sie sind von mir für diese Tätigkeit dort abgestellt."

Wieso warum weshalb?

Der Generaldirektor hatte als Gast bei einer Jagd kurzerhand die gesamte Hasenstrecke für die Kantine und seine Mitdirektoren aufgekauft. Die Köchin und das ganze Personal lehnten es aber ab, diese niedlichen Hasen vom Fell zu befreien. Ich war somit der rettende Engel, so dass die Obersten und das Personal zu Hasenbraten kamen.

Kurzum, cirka 70 Hasen habe ich die nächsten Tage im Keller vom Fell befreit. Da lernte ich, wie man auf möglichst schnelle Weise den Mümmelmännern das Fell über die Ohren zieht und ordentliche Portionen von ihnen macht.

Die Bälge habe ich – damals gab es noch richtig Geld für Hasenfelle – in Hildesheim an Struthmann in der Keßlerstraße verkauft. Der Erlös war weit mehr als ein monatliches Lehrlingsgehalt und kam unverhofft, aber rechtzeitig vor Weihnachten. Aus den Barthaaren der Löffelmänner band ich einen Hutschmuck.

Das Beste an der Aktion war, drei Tage von der Briefumschlagskontrolle in der Hauptregistratur und anderen stupiden Arbeiten befreit zu sein.

## Mit dem Motorrad in die Heide

Ich war noch Lehrling, hatte schon den Jagdschein. Ein Vertreter – er hatte selbst noch kein Auto, wer hatte das damals schon – lud mich zu seinem Freund in die Heide zur Jagd ein. Er wusste, dass ich ein Kleinkraftrad besaß – eines mit zwei Sitzen. Und wer hatte das damals schon. So kam ich auf diese Weise zu mancherlei Jagdeinladung.

Also – nennen wir den besagten Vertreter Emil. Emil holte ich in Hannover in der Südstadt ab. Emil, den Terrier im Rucksack, die Flinte geschultert, natürlich nicht im Futteral, nahm hinten auf dem Soziussitz meiner 98er Sachs – Vorkriegsmodell Phänomen so um 1,5 PS Leistung – Platz. Meine Flinte im Futteral war am Rahmen festgeschnallt – und wir dampften los. Mit zwei Mann Besatzung und einem Terrier im Rucksack haben wir eine geringe Fahrtgeschwindigkeit gehabt. Das war gut so, denn winterliche Kälte ist bei geringer Geschwindigkeit leichter zu ertragen.

In der Nähe von Gifhorn – ich weiß nicht mehr wo – sind wir auch pünktlich angekommen, weil wir frühzeitig starteten. Die Jagd war erfolgreich, ich kam zu Schuss und Emil war es auch zufrieden.

Beim letzten Treiben, dem Schüsseltreiben – es gab Zungenragout – haben wir, die ganze Jagdgesellschaft, ordentlich gefeiert. Emil hatte etwas mehr getrunken als zulässig. Zu später Stunde haben wir uns dann auf den Weg gemacht. Die Schweinelaterne leuchtete heller als meine 6-Volt-Lampe. Es war saukalt, geheizte Handschuhe gab es noch nicht. Emil kaufte zuvor dem Jagdherrn einige Hasen ab, die er im Rucksack verstaute, und der kleine Terrier wurde in einen Sack gesteckt. Der Kopf guckte heraus und das arme Vieh wurde auf dem Tank deponiert. Gott sei Dank wurde er vom Fahrtwind durch eine große „Plexiswindschutzscheibe" etwas geschützt. Terrier sind hart im Nehmen. Emil nahm hinten Platz und los ging es im Zweitakt.

Am frühen Abend war Neuschnee gefallen, ich schlidderte, die Füße meistens am Boden, die Straße entlang. Emils Gleichgewichtssinn hatte am Abend durch Alkoholeinwirkung etwas gelitten und er purzelte hin und wieder in den Schnee, sah aus wie der Schneemann, seine Flinte wie ein Besen.

Das Schlimmste an der Rückreise war, diesen besoffenen Kerl wieder auf den Motorradsitz zu kriegen. Auch der Terrier wurde griffig und hat mich mehrfach am Ärmel gepackt. Beim Zurückschalten (die Mühle hat bloß zwei Gänge gehabt und es ist ein Vorkriegsmodell gewesen, das ich gebraucht für 150,– DM gekauft hatte) also beim Zurückschalten hat es sehr deutlich geknackt. Das konnte der Terrier auch nicht vertragen, zugeschnappt hat er öfter.

Und manchmal lagen Fahrer, Sozius, Terrier und Motorrad im Schnee. Dank der hohen Schneelage hat sich keiner was angetan.

Nach langer Fahrt sind wir im Morgengrauen in Hannover steif gefroren angekommen. Emils Frau hatte mit mir ein Einsehen, ich brauchte meine Fahrt nach Hildesheim nicht fortsetzen. In der warmen Küche auf dem Sofa habe ich bestens geschlafen. Emils Frau hat noch mit ihm „geredet", aber so richtig hat er das nicht mehr mitbekommen.

Am anderen Morgen bin ich früh nach Hildesheim gestartet. Ich habe mir da geschworen, niemals wieder mit Emil als Sozius zur Jagd zu fahren. Emil hat auch nie wieder darum gebeten.

## Auferstanden von den Toten

Es war in den Fünfzigern und es ist eine wahre Geschichte. Jagd im Hildesheimer Wald. Nach dem zweiten Treiben fand man sich zu einem kurzen Frühstück auf dem Wegekreuz. Es wurde Strecke gelegt, wie sich das gehört. Alle Kreaturen lagen auf der rechten Seite, das Herz muss zum Himmel zeigen, so ist es Weidmannsbrauch. Und friedlich lagen drei Hasen und ein Fuchs auf dem kalten Waldboden. Die Jäger nahmen das Vesperbrot aus dem Rucksack und die Flasche „Liebe's Wasser", ein hochprozentiger Weizenkorn aus Astenbeck, machte die Runde.
„De Voss, de Voss"[1] schreit einer, alle grölen mit, machen lange Hälse und müssen mit ansehen, wie der Fuchs sich auf und davon macht.
Der Fuchs war nur gekrellt[2] worden und inzwischen aus seiner Ohnmacht erwacht. Die Jäger hatten das Nachsehen.

---

1 de Voss: plattdeutsch für „der Fuchs"
2 gekrellt: von der Kugel nur berührt, gekratzt (Jägersprache)

## Massenmord in Dankelsheim

Dankelsheim heißt die kleine Ortschaft zwischen den Sieben Bergen und dem Heber, eingebettet von Feldern und Wiesen. Viermal täglich hält ein Autobus im Dorf, eine Landstraße trennt Ober- und Unterdorf, in dem so um die 300 Seelen zuhause sind. Außer einem Dorfkrug gibt es keine Geschäfte mehr. Kein Bäcker, kein Schlachter, und die Witwe mit dem Kramladen hat auch dicht gemacht. Dort gab es alles und gar nichts. Was nicht vorhanden war, konnte beschafft werden. Gottesdienst wird in der kleinen Kirche nur gelegentlich abgehalten. Ein beschaulicher Ort, in dem die Welt noch in Ordnung ist. Und in der Nacht zum zweiten Mai ist es dann passiert.
Während eines schweren Gewitters ist ein nicht näher ermittelter Täter in die Gemeinschaftsunterkunft der auf einem Bauernhof beschäftigten Italiener eingedrungen, hat zwölf von ihnen die Kehle durchgebissen und ist mit einem weiteren vom Tatort geflüchtet. Wegen des schweren Gewitters hat niemand die Tat sofort bemerkt. Erst am frühen Morgen konnte der Landwirt diesen mysteriösen Mordfall feststellen.
Das gesamte Dorf ist über den Vorfall erschüttert und es wird ernsthaft darüber nachgedacht, ob man

so etwas wie einen Nachtwächter einstellen soll. Einige Einwohner vertreten sogar die Ansicht, dass für derartige Täter die Todesstrafe wieder eingeführt werden müsse.

Infrage kommt für die schändliche Mordtat ein im Dorf nicht unbekanntes Wesen, das in Höhlen unter Tage zu leben pflegt und meistens nächtens seine Raubzüge durchführt. Der Name des Verdächtigen ist bekannt wie auch sein Aussehen. Eine schlanke Figur, schmaler Kopf, spitze Ohren, sehr gutes Gehör und bestes Sehvermögen, besondere Schläue wird dem Täter im roten Mantel nachgesagt. Dem Vernehmen und den Spuren nach handelt es sich bei dem Täter um ein weibliches Wesen, landläufig unter dem Namen Reineke bekannt. Was war geschehen? Frau Reineke, die Fuchsfähe, ist in den Hühnerstall des Bauern B. eingedrungen und hat im Blutrausch zwölf Leghorn-Italienern die Kehle durchgebissen und ein dreizehntes Huhn mitgenommen.

Die Fuchsfähe hat Junge zur Welt gebracht. Sie muss täglich für fünf oder mehr hungrige Mäuler sorgen. Füchse sind Kulturfolger. Sie verlieren zwar nicht die Scheu vor dem Menschen. Doch sie sind so gewieft, dass sie ihre Räubereien so gestalten, dass man sie bei der Tat nie erwischt. Die so niedlich anzuschauenden kleinen Fuchskinder, die man Welpen nennt, brauchen kräftige Nahrung, damit sie eines Tages richtige Füchse werden und ganz wie die Mutter – Hühner klauen können.

Die Hühnerhalter in Dankelsheim wollen nun Fallen aufstellen und den Fuchs fangen und ihn, wie sie es nennen, der gerechten Strafe zuführen. Der zuständige Jäger hat es abgelehnt, im Dorfe den Füchsen nachzustellen. Es ist bei Strafe verboten, weil es ein sogenannter befriedeter Bezirk ist. Außerdem, es ist Schonzeit. Altfüchse darf man derzeit weder in der Falle fangen noch darf man sie schießen oder töten. Und es gilt neben dem Jagdgesetz das Tierschutzgesetz.

Ein gefangener Altfuchs darf vor dem 16. Juni nicht gefangen oder getötet werden. Aber der Fuchs darf ungestraft Hühner töten. Man muss vor dem 16. Juni einen gefangenen Fuchs wieder freilassen, damit er gegebenenfalls weiter als Hühnermörder arbeiten kann.

Das verstehe mal einer. In Dankelsheim ist diese Gesetzeslage bei den Hühnerhaltern schwer vermittelbar.

## Der warme Regen

Ein Briefkasten ist ein wichtiger Bestandteil für die – wie man heute sagt – Infrastruktur. Er gehört zu den Notwendigkeiten eines ordentlichen Lebens. Früher hing an jeder dritten Ecke ein Briefkasten und der wurde auch mehrmals täglich geleert. Heute ist das anders. Wenn Sie in Muße am Sonnabend abends einen Brief schreiben, wird der Briefkasten bestenfalls montags geleert und ihr Brief kommt dann am Dienstag beim Empfänger an. So benützt man heute Fax oder E-Mail und die Post jammert, dass nicht genug Briefe geschrieben werden.
Aber kommen wir später zu unserem Heidebriefkasten.

In einem Dorf zwischen Hannover und Braunschweig war am Sonnabend – wie immer vor dem zweiten Advent – eine Treibjagd, bei der es nicht nur kräftig geknallt hat. Ja, die Strecke konnte sich sehen lassen. Füchse, Hasen, Kaninchen und jede Menge Langschwänze. Das sind die Fasanen. In der Jägersprache heißen die langen Federn des Fasans: der Stoß.
Von weit her kamen die Jäger und auch die Treiber. Die meisten kamen aus der Domstadt. Alle sahen recht wunderlich aus. Die Jäger natürlich im grünen Lodenmantel mit Gummistiefeln, weil in der Heide

der Boden recht matschig ist. Grüne Joppen, grüne Hemden bedeckten die Oberkörper. Eine grüne Krawatte war Selbstverständlichkeit. Auf dem Rücken schleppten sie Rucksäcke. Die waren für den Transport von Mümmelmännern notwendig, denn mancher kam in einem Treiben gleich mehrfach zu Schuss. Und an der linken Hüfte bammelte der Galgen. An dieser Schlinge wurden die bunten Hähne bis zum Wildwagen transportiert. Und verdammt wunderlich ausschauende Bedachungen gegen Schlechtwetter haben sie auf den Köpfen gehabt. Mützen mit Schirm, die trugen die Älteren und die Bauern. Verbeulte und ausgeblichene Hüte, mit Schießabzeichen und Verdienstnadeln für langjähriges Beitragzahlen oder mit sonderbaren Federn, mit breiten hochgeklappten Krempen, mit schmalen Krempen – und diese seltsamen Hüte, die man auch Ententeiche nannte, die aber den Anblick eines umgestülpten Nachtgeschirres ohne Henkel boten. Alle Sorten, natürlich in Grün. Viele dieser abgewetzten Filze sahen aus wie vom Trödelmarkt, denn einen Jägerhut trägt man möglichst sein ganzes Leben. Von dieser Sorte Grüner waren so an die vierzig Mann aufmarschiert.

Die Jäger haben dazu die Flinte dabeigehabt. Eine Flinte ist ein doppelt gelöchertes Eisenrohr mit Holzverkleidung. Da wird hinten das reingesteckt, was vorn mit furchtbarem Knall wieder rauskommt. An der linken Seite, denn rechts wäre es sehr hinderlich, führte man die vierbeinigen Kameraden. Die sahen meist so aus wie ihre Herrschaften. Der bärtige Heinrich bot den gleichen Anblick wie sein Deutsch-Drahthaar. Und Meyers Terrier blinzelte so listig wie der Chef. Karlchen Müller, der keinen Abend ohne Doppelkopfspiel auskam, dem tränten immer die Augen, und sein Kurzhaar, der hatte den gleichen jammervollen Blick.

Dazu kamen noch an die dreißig Treiber. Beileibe keine Dorfjungen, wie es in Ostpreußen so üblich gewesen sein soll. Nein. Alles gestandene Mannsleute. Aus dem Dorf der Bürgermeister, der Jagdvorstand und der gewichtige Landmaschinenhändler, ein Meter sechzig lang, achtzig breit, hundert Kilo, genauso krumme Beine wie der mitgeführte Teckel. Und das große Wort hatten beide. Der Dicke qualmte Havannas. Damit machte er den Eindruck eines Starenkastens, oben mit zwei Einschlupflöchern und breiter Überdachung. Die anderen hatte der Beständer[1] aus seinem Freundeskreis geordert. Die kamen jedes Jahr, das war denen eine Herzenssache. Und wichtig für ihre Gesundheit, einen ganzen Tag bei Wind und Wetter in der unberührten Natur zu sein, sagten sie.

---

[1] Beständer: der Jagdpächter

Dazu war an diesem Tage die Gelegenheit zum Erwerb eines günstigen Weihnachtsbratens gegeben.
Also die Treiber, ein sagenhaft buntes Völkchen. Sie kamen zum großen Teil aus der Stadt und hatten von der Jagd so viel Ahnung wie das Rindvieh vom Chorsingen, Fabrikanten, Richter, Anwälte, Medizinmänner, Handelsleute und Kegelbrüder. Und ausgesehen haben sie! Eine verdammt bunte Kolonne, kann man sagen. Einer hatte von seinem Ableger eine Bundeswehrkampfuniform an, ein anderer kam mit Hamburger Hosen, Sie wissen doch, das sind die Knickerbocker. Der sah mit seiner Polenmütze aus wie der Sherlock Holmes, nur die Pfeife fehlte noch. Wieder einer hatte seinen alten abgetragenen Anzug lebendig gemacht, die Hosen steckten in den Gummistiefeln. Selbst eine Tütenhose aus der braunen Zeit, eine SA-Hose war dabei. Manche hatten Pudelmützen auf – selbstgestrickte versteht sich – oben mit einer Bommel dran, andere wieder trugen stolz die breiten Vorkriegshüte. Eine recht lustig und bunt daher kommende Truppe. Und geschnattert haben sie, sein eigenes Wort konnte man nicht verstehen.
Wer zu dieser Jagd im vornehmen und ladenneuen Zwirn erschien, machte das nur einmal. Erstens sah jeder nach der Jagd aus wie ein Keiler, der sich im Schlamm gewälzt, denn nahezu alle segelten min-

destens zweimal wegen der schlechten Bodenverhältnisse auf den braunen Ackerboden und boten den entsprechenden Anblick. Vom Hasentragen färbte Schweiß so manchem nicht nur die Hände. Und Wassergräben gab es auch. Da fiel fast jeder rein. Und zweitens war es dort so Sitte, dass derjenige, der im vornehmen Dress erschien, seine neuen Sachen nach dem Schüsseltreiben mit einer Runde Zielwasser einweihen musste. So kamen die „Neulinge" unter den Treibern und den Jägern, alles Leute über vierzig, denen es wirtschaftlich recht gut ging, dazu, sich abends in dem Kreis der Aufrechten und Trinkfesten einzukaufen.

Der eine oder andere hatte auch seine Ehehälfte mitgebracht, zumal des Beständers Ricke auch dabei war. Diese blieben meist in der Nähe vom Hasenwagen, versteckten sich dahinter und suchten Schutz, weil der Wind so kräftig blies. In der Jägersprache heißt das: Sie drückten sich.

Zwischen den Treiben schenkte das zweiläufige Kahlwild warmen Kaffee und Tee mit Rum zum Aufwärmen aus, was bei dem scharfen Wind auch gut angenommen wurde. Und die Sache mit der Heimfahrt war auch geregelt. Hin fährt der Mann, zurück darf die Frau das Auto ihres Mannes fahren. Man nennt das „ausgleichende Gerechtigkeit" – jeder darf mal fahren. Alle bekräftigten einhellig: ein wunderbarer Jagdtag.

Nachdem die bunte Strecke gelegt und verblasen, wurden die dreckigen Gummistiefel gegen normales Schuhwerk getauscht. Dann hinein in die Kneipe. Schließlich hatte so mancher das Gefühl, ihm würden die Ohren wegen der Kälte abfallen, wieder andere hatten ein besonderes trockenes Gefühl unter der Zunge, nämlich eines, das schlimmer ist als Heimweh, schlicht: Durst.
Es wurde recht lustig in der Heidewirtschaft. Traditionell gab es Zungenragout mit Salzkartoffeln. Bis zum Abwinken. Der Kreuger betrieb auch eine Schlachterei. Das Essen war extrem gut. Also jede Menge Fleisch. Und dann schmeckte das Bier. Das kann nur der nachfühlen, der den ganzen Tag geschuftet hat wie ein Holzrückepferd oder an einer Treibjagd bei Wind und Wetter teilnimmt. Und Schluck schenkte der Wirt aus, daher auch der Name „Schluckmühle" für eine Gastwirtschaft. Der Wirt strahlte, noch nicht einmal am Sylvesterabend machte er vergleichbaren Umsatz.
Nach dem Schüsseltreiben ging es fröhlich und ausgelassen zu. Nette Geschichten und Begebenheiten hat man vorgelesen. August Möhring, eine Persönlichkeit von 130 Kilo Lebendgewicht, eins neunundneunzig lang, man fing schon an zu lachen, wenn der sich erhob und seine Brille putzte – wie gesagt August, er erzählte jedes Jahr denselben Witz. Das

Auditorium bog sich immer wieder von Neuem vor Lachen. Und wenn der Automobilvertreter aus Hannover aufstand und mit seiner „Lebensbeichte" anfing – „Als ich geboren wurde, war keiner zu Hause, alles war ausgegangen, unser Ofen auch" –, da habe ich mich vor Lachen schon geschüttelt, ehe er anfing.

Und aus dem Hulverscheidt[2] wurde von Siggi, dem Furchtlosen, im ostpreußischen Dialekt zitiert. Humor war Trumpf.

Gesungen wurde auch. Alles was Männer so singen können: Jägerlieder, Wanderlieder und Bänkelgesänge. Am späten Abend gegen zehn klang das noch ganz gut. Aber nach zwölfe wurde meistens nur noch gelallt. So zum Beispiel „In einem Polenstädtchen" mit einem etwas anderen Refrain. Alle waren fröhlich. Leute, die sich nur einmal im Jahr sahen, nämlich hier in der Heide, tranken Brüderschaft. Es war das gesellschaftliche Ereignis. Und so jung trifft man sich ja nicht wieder.

So gegen eins, halb zwei sind die ersten – vor allem die, die den Kutscher mithatten – davon. Der war nämlich „auf Wasser gesetzt" und fahrtüchtig. Die anderen blieben im Dorf, schliefen entweder mit in der Jagdhütte oder bei einem Bauern in der Küche

---

2 Forstmann Walter Hulverscheidt (1899 – 1989) war Autor humorvoller Jagdbücher

auf dem Sofa oder in der Gastwirtschaft oben in einem der kargen Fremdenzimmer.
Und weil es so gemütlich gewesen ist, haben wir bis um viere noch an der Theke gestanden. Schließlich hatten wir uns noch eine Menge zu erzählen. Auf ein Mal, da hat der Wirt doch noch einen ausgegeben und dann gesagt, es wäre Zapfenstreich und kurzerhand das Licht ausgemacht.
So haben wir diesen wunderschönen Jagdtag in der Früh beendet.
Wer im „Fremdenzimmer" logierte, ist auf der steilen Stiege nach oben gekrabbelt, mancher auf allen Vieren. So ging es mir auch. Oben, unterm Dach juchhe, bin ich dann in die Sasse[3] gefallen. Weil das Zimmer so entsetzlich kalt war, habe ich auch nur Schuhe und Jacke ausgezogen. Außerdem bin ich zu mehr auch nicht mehr in der Lage gewesen. Aber geschlafen habe ich gut.

Am Morgen, es war schon hell, so Klocke zehn zeigte meine Uhr, da werde ich durch ein lautes Schreien auf der Straße wach. Kräht eine brüllende Männerstimme, wie ein Spieß in der Kaserne: „Schweinerei, so eine Sauerei! Polizei! Polizei! Sie da oben, ich zeige Sie an, Sie Schwein!"

---

[3] Sasse: Hasenlager, Hasenbett (Jägersprache)

Das hört gegenüber ein altes Mütterchen, die – geschult durch eifriges Krimilesen – an einen brutalen Überfall oder gar an einen bösen Sittenstrolch glaubt, sofort zum Telefonhörer greift und den Dorfsheriff anruft: „Kommen Sie sofort, vor dem Gasthof ist was Furchtbares passiert. Da schreit einer um Hilfe und nach der Polizei". Der Dorfpolizist wollte eigentlich, weil seine Frau es so wollte, unfreiwillig zur Kirche. Da kam ihm der Einsatzbefehl recht willkommen. Und zu einem Ort, wo die Gebetbücher Henkel haben, fühlte er sich schon immer hingezogen.

Er eilte per Fahrrad zum Einsatzort. Was war geschehen?

Oben unter dem Dach „logierten" Jäger in dürftig ausgestatteten Kammern, mit dicken alten Federbetten, durchgelegenen alten Matratzen und einer Waschschüssel in einem Dreibeingestell. Einer von ihnen hatte ein dringendes Bedürfnis. Und die Toilette befand sich unten in der Kneipe, im ehemaligen Stallanbau. Der Weg dorthin war viel zu weit und zu lang, der Drang war stärker.

Was hat der arme Mann in seiner Not gemacht? Fenster auf! Und Wasser Marsch.

Während oben das Gefühl der Erleichterung kommt, pieselt es unten einem Postkunden, der justement sich am Briefkasten zu schaffen macht, warm ins

Gesicht. Deshalb das scheußliche Gebrüll – und ausgerechnet der Nödel-Franz, ein aus Braunschweig zugezogener Neubürger. Mit dem wollte im Dorf keiner was zu tun haben, weil Nödel-Franz, der mit bürgerlichem Namen Franz Möhlmann hieß, immer was zu meckern hatte.

Der Polizist konnte natürlich nichts mehr feststellen und stellte damit die ganze Sache rechtlich in Frage. Und was sollte denn überhaupt angezeigt werden? Die noch verbliebene und aufgeschreckte Jagdgesellschaft trollte sich in die Kneipe, um dem armen Willi, der in purer Notwehr gehandelt hatte, beizustehen. Die Sache ist dann so verlaufen, dass sich Willi beim Nödel-Franz erst mal entschuldigte und alle Anwesenden mehrfach auf die Gesundheit des Franz Möhlmann getrunken haben. Denn schließlich konnte der seinem Schutzengel dankbar sein, dass da nicht größere Sachen gelandet waren. Und überhaupt. Und das Ende vom Liede ist gewesen, der Nödel-Franz und der Polizist waren nach hundertundfünfzig Minuten so sternhagelvoll, dass Möhlmann steif und fest behauptet hat, der Polizist hätte in den Briefkasten genässt. Und der seinerseits war völlig breit und fertig. Er wollte sterben und sein Magen war auch nicht mehr in allerbester Verfassung. Möhlmann und der Polizist, die sich noch am Tage vorher beide nicht angeguckt hätten, haben

mehrfach Brüderschaft getrunken und sind tatsächlich Freunde geworden.
Am späten Nachmittag endlich sind die Kinder der neuen Freunde gekommen, die den Vater suchen mussten. Sie haben die Trinkfreudigen, die zum Nulltarif stinkbesoffen gewesen sind, nach Hause geholt. Nödel-Franz im Handwagen. Und deren Köpfe waren schwerer als der Briefkasten, bestimmt auch noch am anderen Tage. Über den jeweiligen häuslichen „Empfang" kann ich leider nichts berichten, weil ich nicht dabei gewesen bin. Aber lautlos war der auch nicht.
Das Fahrrad des Polizisten hat noch am Dienstag vorm Gasthof gestanden, unangeschlossen.

Willi und die ganze noch verbliebene Korona, wir haben noch einen vernascht – zur Feier des Tages versteht sich –, kräftig gevespert und gelacht und immer wieder gelacht. Kurz vorm Dunkelwerden sind wir nach Hause gefahren. Um ein wahrlich einmaliges Erlebnis reicher.
Aber am meisten gelacht hat der Kreuger in der Schluckmühle. Lautlos, so vor sich hin. Und die Fremdenzimmer haben noch immer keine Toilette.
Wer weiß, wer weiß? Vielleicht kommt noch einmal unverhofft so ein warmer Regen.

## Hasensylvester

Sylvester feiern fast alle Leute bei uns wie die Jecken im Rheinland Karneval. Das Jahresende und den Jahresanfang begießen sie wie einen trockenen Acker. Dabei gibt es zum Jahresanfang doch noch gar nichts zu feiern.

Und was ist das mit dem Hasensylvester? Nun bilden Sie sich nicht ein, dass die Hasen an diesem Tage oder Abend, es ist der 15. Januar, feiern. Grund hätten die Hasen dazu genug, denn mit dem Ablauf dieses Tages fünfzehnter Januar beginnt die Schonzeit. Auf Hochdeutsch heißt das, dass Hasen nun nicht mehr geschossen werden dürfen.

Und wer feiert nun Hasensylvester? Das sind die Jäger. An diesem Abend sind diese grünen Brüder sehr fröhlich und ausgelassen. Eine reine Männergesellschaft. Da wird in der Dorfkneipe ein Horrido nach dem anderen ausgebracht, besonders dann, wenn neuer „Stoff" auf den Tisch gekommen ist. Lieder werden gesungen, später werden sie gegrölt. Und ausgiebig wird Latein gesprochen. Jägerlatein ist die weit verbreitete und als weidgerecht anerkannte Amtssprache unter den Grünröcken.

Nichtjäger – das ist eine andere Sorte Menschen, quasi die Andersgläubigen – die verstehen kein Jägerlatein und schon gar nicht die Jägersprache. Es herrscht an diesem Tage eitel Frohsinn, obwohl eigentlich die Ehefrauen den Grund zur Freude hätten. Für die Frauen mehren sich ab dieser Zeit die Chancen, dass sie ihre Männer wieder öfter im Hause zu sehen kriegen. Denn in der Zeit von Oktober an, wo die Hasen „offen" sind, findet man diese Kerle und ihre Hunde selten im ehelichen Hause. Tagsüber laufen sie mit ihrer Braut – ihrer Flinte – durch Feld und Wald über Stock und Stein, durch den größten Dreck und den tiefsten Schlamm. Und davon bringen sie nicht selten auch noch was mit nach Hause, so quasi als Geschenk für die treu sorgende liebe Ehefrau, die ja alles mit dem Manne teilen soll. So hatte man in der Kirche geschworen.

Wenn sie spät abends nach einer Treibjagd im Hause ankommen, verschwitzt und verdreckt, behaupten sie mit ernster Miene, völlig kaputt zu sein. Sie klagen bitterlich auch noch darüber, das Schüsseltreiben sei wieder so reichlich gewesen, dass eine Nachspülung dringend erforderlich war. Und eines von den vielen Bieren, die man hätte trinken müssen, so wird am nächsten Morgen festgestellt, sei vermutlich nicht in Ordnung gewesen. Irgendwo müssen die Kopfschmerzen ja wohl herkommen.

Und genauso geht es am Hasensylvester zu. Vorher wird tagsüber im Feld gestokelt und am Abend findet das Schüsseltreiben statt, mit allen zugehörigen Ritualen.

Trotzdem wird im nächsten Jahr wieder Hasensylvester gefeiert. Und wenn Sie Nichtjäger sind: Vielleicht haben Sie die Möglichkeit, einmal Hasensylvester mitzufeiern. Aber ich warne Sie. Wenn Sie sich bei den Weidmännern den Jägervirus einfangen sollten, dann werden Sie diesen Virus nicht wieder los. Keine Antibiotika helfen Ihnen mehr.

Es sei denn, Sie melden sich zur Jägerprüfung an und können danach aktiv am Jagdgeschehen teilnehmen. Nur so wird man wieder gesund. Und kann ausgelassen Hasensylvester feiern.

## Eck hev ne Fru in Holze efunnen

Düsse Geschichte is kein Jägerlatein un et balle fuffzig Jahr her. Eck bin en paschionierten Jäger un in jungen Jahren hev eck bi Mondschein manche Nacht in Holze annesäten up Swine.
Et was saune richtige laue Sonmmernacht un de Swinelaterne scheun sau schummerig durchet Laubholz un eck sitte schon drei Stunnen uppen Katerstieg. Nix rührte seck, kein Lüftchen. Et was sau still, dass eck min eigen Atmens störend fand. Von Derpe de Klock schlug ölve.
Uffen Mal knackt's, un dann wier. Uffepasset, denk eck. Un wier knackt's. Aha, düsse dicke Keiler kümmt. Un wier knackt's. Drilling hoch un dat Fernglas anne Ogen un kieken. Kommt umme Ecke saun komischen Schatten. O Gott, dat is doch en Minschengestalt. Ach du heiliger Bimbam, tatsächlich ne Fru mit saun blauen Kopptuch.
Eck runner vonne Leiter un prahle se an: „Wat maket Sei denn heur mitten inner Nacht in Holte?"
Seggt de olle Fru, mit öhren Kamelhaarpuschen un blauer Schörte, sei wolle nacher Möhle, na öhrn Mann, un wolle Middagäten bringen.
Meck was nun klar, düt ol Wief is durch'en Wind. Un wat nun? Eck gah mit öhr na mien Auto un dat was ne dolle Akschion. Dei Olsche wolle patu nich midde.

Glöwet sei meck, eck wulle beinahe vertweifeln.

Et ging hü un hot. De olle Fru seggt allwegs, dat se tau öhren Mann wulle. Aberst mit meck wolle se nich middegahn.

Wat schall eck nu maken? Eck hebbe se nu wie saun lütten Dackel na mien Auto transportiert. Nu wulle se nich instiegen un in moiner Rage un Vertweiflung hev eck tau'r seggt: „Wenn de getze nich inne sitten bliffst, dann scheit eck deck dote". Un da hettet geklappet.

Nun sin wer naher Pollezei nahn Solte (Bad Salzdetfurth). De Pollezeistatschion was inne Wohnung von den Gendarm. Inzwischen was et halbig dreie. Eck hev bi den Wachtmeister wie der Deubel bimmelt un nah en paar Minuten kummt ne Mannsfigur in Slapantug un Uniformmütze uffen Balkon un fröcht: „Wat issen los?" Egge segge taun ne: „Eck hev ne Fru funnen". Seggt düsse Kierl in feinstem Hochdeutsch: „Das ist ja schön für Sie". Eck mösste ne ierst verklickern, warumme eck ne uten Bette bimmelt harre.

Weu hebben det ol Wief inne Amtsstube zerret und de Polleziste fröcht nah öhren Namen un Adresse. Nix. Uff een mal seggt de Frau: „Düsse Mann hat meck in Holze packet un wolle meck dotscheiten".

„Au, au", seggt de Pollezeiminsche. Nu mösste eck bis taur Klärung der Beschuldigunge ierstemal da

sitten bliven. Dat was'n Theater!
Nah annertalb Stunnen was die Schose uffeklärt und eck kunne bi Hellen nah Hiuse feuern.
Et hat ne Weile duert, bis mien Fru düt Erlebnis meck für wahr affenommen het.

## Ohne Pass na Amerika

Hartkloppen kannste schon bei de lüttjeste Gelegenheit kriegen. Aberst saun richtig Hartklabastern kummt relativ selten vor. Eck mene nich, wenn de Gesunheit deck Probleme maket. Eck will Sei nu vertellen, wat meck passeurt is in Freujahr negenachtig.

All miene Jagdfrünne wörn in Kanada wäsen up Bärenjagd un sei wörn voll up begeistert und hebben meck gierig maket up en Bären tau weidwerken. Eck hev dann midden Gaid in Alberta in Kanada en Kontrakt maket, tweitusend Mark öberwiesen, en Flaag ab Frankfurt na Edmonton un taurügge un en Bahnbilljet na Frankfurt un taurügge in en Reisebüro betahlt.

Dä Vorfreude was grot. Endlich wasset sauwiet. En Seesack, Büchse, Patronen, Fernkieker un allens was sau nödig is or nödig sien kunne wöre inpacket. Dei Fahrkarten, Flaagticket, Waffenpass, Jagdschein un un. Innen Breifumslag dat ganze Papeurkrams. Tauletzt fällt meck doch noch in, dat eck ja mien Reispass middenähmen mösse. Eck an den Schrank, wo de Papeure sin, un sticke den Pass bi de annern Dokumente.

As eck nu in Frankfurt annen Flaagschalter kumm, vor meck saun eisernen Schubkarren mit den ganzen

Gedöns, giv eck de jungen Fru an Schalter en dicken Breifumslag un segge tau ör: „Nehmen Se man allens wat Se för de Reis bruken." Dat Fruensminsche nimmt den Papeurkram un seggt tau meck: „Ihren Pass bitte!" Eck segge tau öhr: „Liggt innen Breifumslag". Kurz, eck Döskopp harre in Hiuse ut en Schap nich mien Pass enommen, aberst den von mien Fru. Seggt dei Schaltersche: „Nein, nein Sie können nicht mitfliegen. Das geht nicht. Ich kann Sie nicht durchlassen." Hilliget Kanonenrohr! Wat nu?

Oh, je! Da stand eck nu. De ganze Akschion wöre betahlt. Un allens für ummesunst? Uff düssen Schröck bliff meck nich nur de Spucke wech, mien Hart fing an tau kloppen, as wenn en Dutzend Spechte in mien Brustkasten wören. Eck was total an Bodden. Sau het et mien Hart mi Leevdag nich kloppet. Et harre nich veel fehlt un eck wör vor den Schalter tausammensacket. Na vell Verhandlungen un den Insatz von de Flaaghafenpollezei kriech eck en Hilfspass. Dat Dingens sah ut wie saun Telegrammformular. Un mit dem besonneren Verhandlungsgeschick von en Zollbeamten kunn eck denne doch midde fleigen. Un dat in allerlesten Ogenblick. Dä Schotten wören extra för meck noch mal uffmakt.

Dat se meck in Kanada ierst in „Gewahrsam" nommen harren, was nix gegen de Katastrofe in Frankfurt. Un tauletzt: Midden Bären, dat harre uffen letzten

Moment noch klappet. Un dat will eck Sei noch seggen. Dat midden Pass, dat passeuert meck nich wedder. Noch eins. Eck hev Sei kein Bären upbunden. Düsse Story is nich elogen.
Un ohne Pass na Amerika, dat maket meck keiner na.

## Der beste Freund des Pastors

Christoph entstammte einer kinderreichen Arbeiterfamilie, die nicht sonderlich mit weltlichen Reichtümern gesegnet war. Er lernte nach der Schulzeit den Beruf eines Schlossers. Bald danach wurde Christoph zum Kriegsdienst eingezogen und machte den Krieg bis zum bitteren Ende mit, kam in Kriegsgefangenschaft und wurde ohne Verwundung bald entlassen. Der Krieg und eine tiefe Frömmigkeit hatten sein Wesen und seine Weltanschauung geprägt. Arbeit gab es keine, so machte er in Abendkursen das Abitur und studierte Theologie.
Nach dem Studium wurde er Pfarrer.
Christoph war ein stiller und ruhiger Mann. Seine Liebe zur Natur war stark ausgeprägt und bald entdeckte er eine neue Leidenschaft, die man Passion nennt. Es war die Jagdleidenschaft.
Er bekam nach einiger Zeit in einem Dorfe bei Hildesheim eine eigene Pfarrstelle. Natürlich mit einem richtigen Pfarrhaus. Und in einem Pfarrhaus gibt es viel Platz. Er lebte mit seinem Bruder zusammen, der als Waldarbeiter sein Brot verdiente. Und es gab noch einen Dritten im Bunde dieser Männerwirtschaft, einen Hund. Der ist des Pastors guter Kamerad gewesen. Und ein guter Jäger braucht einen Hund. Beide teilten in der Freizeit ihre Einsamkeit. Und für

einen Jagdhund ist es die größte Freude, mit dem Oberhund zusammen zu sein.

Wenn Hochwürden seiner beruflichen Tätigkeit nachgehen musste, war der Vierbeiner mutterseelenallein. Das ist für den Rüden das größte Problem gewesen. Schließlich weiß man als Hund ja nie so genau, wann und ob der Meutenführer wieder zurückkommt. Auch weiß so ein Hund nicht, dass der Mensch zum Beispiel wegen der Futterkosten für Mensch und Tier einer Arbeit nachgehen muss. Und an den dienstlichen Verrichtungen eines Pfarrers kann ein Hund nicht teilhaben. In die Kirche kann ein Vierbeiner nicht mit, auf dem Kirchhof ist ein Priester mit einem Hund an der Leine auch nicht gern gesehen, bei den anderen Seelsorgertätigkeiten geht es ebenfalls nicht.

Also, der Hund des Pastors war sehr viel allein. Um so größer ist die Freude gewesen, wenn der Oberhund wieder heimgekommen ist. Und diese Freude war deutlich auf beiden Seiten. Schließlich waren sie beide unzertrennliche Freunde. Sie nahmen gemeinsam die Mahlzeiten ein, der Hund unter dem Tisch natürlich, schliefen zwar nicht im selben Bett, aber im selben Zimmer.

Der Rüde war jagdlich nicht mit hervorragenden Eigenschaften behaftet, aber ein guter Freund und

Hausgenosse. Er brachte auf Zuruf die Zeitung, die Hausschuhe und was man sonst so alles im Hause apportieren kann. Selbst das Lachen hatte ihm der Hausherr beigebracht. Ehrlich, haben Sie schon einmal einen Hund richtig lachen gesehen? Des Pastors Hund konnte lachen und brachte damit den miesepetrigsten Zeitgenossen mindestens zum Schmunzeln. Und auf Kommando fletschte der Rüde die Zähne und knurrte fürchterlich, so, dass es einem Angst und bange werden konnte. Beim Gassigehen grüßten die Einheimischen freundlich und des Pastors Hund fühlte sich mitbegrüßt, schließlich gehörten die beiden zusammen wie Pech und Schwefel.

Die Einsamkeit machten Herr und Hund zu schaffen, aber am meisten musste Letzterer darunter leiden. Wenn der Pastor seinen beruflichen Verpflichtungen nachging, wurde der Vierbeiner ins Arbeitszimmer eingesperrt. Das hatte eine karge Einrichtung und war voll von Papier. Ein Wassernapf stand dort und ein meist leerer Fressnapf. Ein paar Schweinsohren wären natürlich zum Verzehr besser gewesen. So saß der arme einsame Hund oft über viele Stunden ganz allein in seinem Korb oder – wenn es niemand sah – vor dem Schreibtisch im Sessel oder gar auf dem Schreibtisch und guckte aus dem Fenster in den Garten. Aber da war auch nichts los.

Eines Tages entdeckte der Rüde einen Batzen Papier, der roch genauso wie sein Herrchen. Was ist schon ein Haufen Papier für einen Hund, lesen kann er nicht. Was macht ein Hund damit? Er kaut darauf herum, zerfetzt es, hat einen Spaß daran, wenn die Blätter nur so herumfliegen. So geschah es. Nach der Beerdigung, die wegen der Teilnahme am Leichenschmaus erheblich längere Abwesenheit erforderte, musste der Hundehalter eine recht merkwürdige Feststellung machen. Das kostbare Gebetbuch, das mit handschriftlichen Vermerken versehen jahrelang Dienst getan hatte, war noch nicht mal für die Altpapiersammlung zu gebrauchen. In tausend Fetzen lag es verstreut im Zimmer.
Hochwürden ist da sehr böse geworden. Nur hat der Hund nicht verstanden warum, hatte dieses komische Papier doch den Geruch seines Meuteführers. Und was liegt näher, als sich damit intensiv zu beschäftigen. Und auch die Langeweile wurde damit etwas verkürzt. Lautstark ausgeschimpft worden ist er, der treue Freund. Beinahe hätte es noch was gesetzt. Nur warum, das hat er nicht verstanden und war sehr traurig, den ganzen Tag über.

Christoph war herzkrank, er hat das niemanden wissen lassen. Eines Morgens, die Glocken riefen zum Gottesdienst, der Pastor kam nicht. Kein

Mensch wusste, wo er sein könnte. Der Kirchenvorstand hat die Haustür aufbrechen lassen. Christoph lag tot vorm Schreibtisch. Der Hund, sein bester Freund und Kamerad lag neben ihm und hielt die Totenwache.

## Der Esel aus Giesen

Ein Esel zu sein, das heißt meist, ein trauriges Schicksal zu haben. Man findet diese Tiere überwiegend in den wärmeren Ländern bei den einfachen Leuten. Esel sind genügsam, brauchen wenig Pflegeaufwand. Hierzulande sind es nicht gerade die ärmsten Leute, die sich einen Esel halten. Die Esel – die vierbeinigen natürlich – haben es bei ihnen besser. Sie brauchen sich nicht mit Schwerstarbeit abrackern.
Zweibeinige Esel sind meistens selbsternannte Individuen, allerdings nur für kurze Zeit. Der zweibeinige Esel stellt nach allgemeiner Sprachauslegung die personifizierte menschliche Dummheit dar. Und welcher Zweibeiner sagt von sich, dass er dumm ist? Ein richtiger Esel ist natürlich nicht dumm. Tiere sind meistens auf ihre Weise recht intelligent. Eine Eselei ist kein Eselgestüt – in dem neue Esel hergestellt werden – sondern oft das Lösungswort im Kreuzworträtsel für „eine Dummheit".

In Klein Giesen gab es einen Kraftfahrzeughandel mit einer Werkstatt. Der Inhaber hielt zum Hobby – also so aus Lust –, nicht zum Abschleppen von Autos oder schweren Arbeiten, einen merkwürdigen Esel. Jäcki hieß er, und der hatte sonderbare Eigenschaften.

Jäcki fraß Zigaretten und konnte rothaarige Männer überhaupt nicht ausstehen und biss sie. Jäckie machte selbständig Türen auf und verschaffte sich somit auch Eingang in die Werkstatt. Dort spielte er mit den Monteuren „Kriegen", wie es Kinder tun. Jäckie, der das stolze Alter von zweiunddreißig Jahren erreicht hat, war ein lustiger Zeitgenosse und machte allerlei Dummheiten, die ihm sichtlich Spaß machten. Und Jäckie war süchtig, obwohl damals die Drogensucht hierzulande noch unbekannt gewesen ist.

Zu dieser Zeit gab es die stinkenden Zweitakterautos, die fuhren mit Gemisch. Da wurden an der Tankstelle 25 Liter in eine Kanne geschüttet. Dazu gab man ein Liter Zweitakteröl, rührte die stinkende Brühe kräftig um. Das Gerührte – oder „Gemisch" nannte man das Zeug – wurde sodann mit einer Tülle in den Tank des Autos gekippt. Aus den Zweitakterfahrzeugen, vornehmlich DKW, Goggo, Lloyd – auch Plastikbomber genannt – kam dieses entsetzlich stinkende Abgas hinten mit einer blauen Fahne wieder raus.

Das war für Jäcki, den lustigen Esel aus Giesen, das Schönste, was er sich denken konnte. Wenn ein Zweitakt-Stinker dort auf den Hof kam – der Esel konnte Zweitakter von Viertaktern unterscheiden –, dann war die Freude groß. Er konnte es kaum er-

warten, lief schnurstracks an das Fahrzeugheck und atmete die qualmenden Auspuffgase solange kräftig ein, bis er glückselig umfiel – es war eine unheilbare Sucht.
Ein fürwahr glücklicher Esel.

## Der Käfer – oder: Was uns nicht fehlte

Fast jeder von uns hat einen Käfer gefahren. Gemeint ist die seitenwindempfindliche Heckschleuder, das einzige Modell, das damals in Wolfsburg gebaut wurde. Die Fahrmaschine von einst, heute ein Kultauto, hatte 24,5 PS, 1134 ccm Hubraum und fuhr maximal 100 km/h. Wer lange Lieferfristen akzeptierte, erwarb ein Standardmodell – nicht synchronisiertes Getriebe, Seilzugbremsen, mausgraue Lackierung und ungedämmter Innenraum – zu 3.780,– DM ab Werk. Die bessere Ausführung Export kostete 4.600,– DM, hatte Chromstoßfänger und hydraulische Fußbremse. Der Luxus des Stoffschiebedaches kostete zusätzlich 250,– DM. Abgeblendet wurde bei allen Fabrikaten mit dem Fuß, 6 Volt Betriebsspannung war Norm.

Autoradios – mit „Zerhacker" – waren sündhaft teuer. Sie fraßen Strom, was die schwache Lichtmaschine nicht schaffte. Fazit: Die Batterie ging in die Knie. Wir kannten kein asymmetrisches Abblendlicht, Halogen oder Xenon. Die Biluxbirne brannte alle paar Wochen durch. Die Fahrtrichtungsanzeige besorgte der allzeit klemmende Winker. Scheibenheizung, verstellbare Außenspiegel – nur ein Spiegel war Vorschrift –, Kindersicherung, Sicherheitsgurte, Kats und Airbags kannten wir nicht.

Glücklich waren wir, wenn wir mitfahren durften. Wer hatte überhaupt schon ein Auto, ein Motorrad, eine „Lambretta" oder eine „Isetta"? Das ist für uns junge Leute reiner Luxus gewesen. Der Brezelkäfer, das Auto der Selbständigen, war ein Statussymbol. Er hatte, was heutige Fahrzeuge nicht haben: zwei Rückfensterscheiben, zwei Kofferräume und zwei Haltegurte, Trittbretter und manchmal eine Blumenvase, die mit frischem Grün geschmückt wurde. Im Winter haben wir alle paar Kilometer aussteigen müssen, um die Frontscheibe zu säubern. Die stinkende Heizung schaffte es nicht. Wer sich im Winter festfuhr, stellte eine oder zwei Personen auf den hinteren Stoßfänger und die Mühle lief wieder. Rostvorsorge und langfristige Garantie gab es nicht. Autos wurden bar bezahlt oder finanziert, nicht geleast. Autodiebstahl gab es kaum.

Die Fahrzeuge waren einfach zu warten. Kerzenwechsel, Ölwechsel (alle 2.500 km beim Käfer, der damals allerlei Spitznamen hatte, aber nicht die Bezeichnung „Käfer"), Reifenwechsel, Abschmieren mit der Fettpresse und Ventile Einstellen machten wir selbst. Kotflügel auszuwechseln war eine leichte Arbeit. Und Ersatzteile sind wesentlich preiswerter gewesen – Beispiel Käfer: Austauschmotor 495,– DM, Motor Aus- und Einbauen kostete 7,50 DM, Motoröl schlug mit 5,– DM zu Buche.

Die Zeiten haben sich geändert. Heute bietet die Technik mehr Sicherheit und Luxus. Mit dem Selbermachen ist es vorbei. Um eine Glühbirne auszuwechseln, muss z.B. bei einem französischen Automodell das gesamte Vorderteil ausgebaut werden. Im Motorraum sieht es heute „aufgeräumt" aus, das ist gut anzusehen, aber „werkstattfreundlich". Das gilt besonders für die Elektronik. Die Laufzeiten heutiger Fahrzeuge und die Wartungsintervalle sind länger aufgrund moderner Motoröle. Keine Seltenheit sind Tachostände von 400.000 km mit einer Maschine. VW verschenkte dazumal bei einer Motorlaufleistung von 100.000 km wertvolle Armbanduhren. Andere Fahrzeughersteller lobten ähnlich Prämien aus.

Ein Werbespruch von VW mit Blick auf die wassergekühlte Konkurrenz war damals: „Was nicht da ist, kann nicht kaputt gehen". Aber, wollen wir auf die kleinen Helferchen und die Sicherheit verzichten? Technik ist nicht aufzuhalten. Sie schreitet voran. Heute ist eben alles anders.

## **Dumm gelaufen**

Albert Habekost – seinen richtigen Namen verrate ich nicht und nenne ihn deshalb Albert Habekost – er ist Handelsvertreter für Textilwaren und muss sein Geld im Umherziehen mit dem Auto verdienen. Albert besucht mit seinem Mercedes-Kombi die Kunden, hat etliche Musterkoffer, die er in die Geschäfte schleppen muss und braucht deshalb einen großen Wagen.

Albert hat in seiner Jugend aktiv Sport getrieben und ist heutzutage nur noch passiv. Aber im Verein hat er eine Traineraufgabe. So fährt er mindestens einmal in der Woche zum Sportplatz und trainiert seine Jungens. Hinterher geht es recht fröhlich zu und meist werden „Biere und" getrunken. Und manchmal auch nicht zu wenig. Albert hat am anderen Tage natürlich Kopfweh und verschiebt die Kundenbesuche dann auf einen späteren Termin.

So geschah es an einem Donnerstag im April, im Clubhaus ging es richtig lustig zu. Manfred hat Geburtstag und „gibt einen aus". Da es so lustig ist und man so jung ja nicht wieder zusammenfindet, kommen noch ein paar Runden Öfterlinge[1] dazu. Gegen Mitternacht wird die Truppe vom Kantinenwirt

---

(1) Öfterlinge: kleine Biergläser

sanft, aber bestimmt rausgeworfen.

Albert hat einen weiten Weg und kann deshalb nicht per Pedes zum Heimathafen. Laufen könnte er sowie nicht, er taumelt von einer Ecke in die andere. Blau wie eine Haubitze setzt er sich ans Steuer. In der Steinbergstraße rammt er seitlich drei PKW. Keine Menschenseele auf der Straße. Hat also keiner gemerkt. Albert macht einen Hasen.

Überhaupt, das ganze Unglück möchte Albert ungeschehen machen. Schnell nach Hause in die Garage. Dort sieht er, was mit seinem Wagen ist – und sein Auto ist seine Brotmaschine. Der ganze Vorderwagen rechts vorn ist kaputt, Scheinwerfer rechts hin, Blinklicht fehlt und eine große Beule am Kotflügel. Verdammt, sagt Albert und schleppt sich mit seiner Alkoholfahne ins Haus.

Die ganze Nacht kann er nicht schlafen, einmal wegen des schweren Kopfes und dann wegen seines arg demolierten Autos.

Gleich in der Früh, ganz ohne Frühstück, setzt sich Albert in seinen Wagen und fährt zur Mercedesvertretung. Sein Auto muss schnellstens repariert werden, damit den Unfallschaden keiner sieht, und das Auto wird ja dringend zum Broterwerb benötigt. Auf der Fahrt zur Werkstatt achtet Albert darauf, ob ihn jemand mit seinem verbeulten Auto gesehen haben könnte. Nein, keiner der den Schaden bemerkt. Und

Gott sei Dank, meint er, heute Nacht ist alles gut gegangen. Noch einmal Schwein gehabt. Albert hat einen ganz schönen Bammel in den Knien, soll auch nicht wieder vorkommen, verspricht er sich selbst.
Albert fährt bei Mercedes auf den Hof. Steht dort doch die Polizei. Die Beamten interessieren sich sehr für sein Auto und haben einige Glassplitter in einer Tüte, die tatsächlich zu Alberts Auto passen.
Kurzum, Alkoholkontrolle mit Pusten. Die Blutprobe ergab noch Blutalkoholkonzentration von Einskommadrei pro mille. Der Lappen war weg. Das ist eine teure Alkoholfahrt gewesen.
Der Haftpflichtschaden betrug dreiundzwanzigtausend Mark. Die Versicherung hat diesen Betrag reguliert und Albert mit zehntausend Deutsche Mark, wie es Gesetz war, in Regress genommen. Auf dem eigenen Kaskoschaden von fünftausenddreihundert Mark ist er sitzen geblieben. Die Kaskoversicherung zahlt bei Trunkenheit am Steuer nicht, es handelt sich schließlich um eine Straftat. In der Haftpflicht wurde der Versicherungsvertrag wegen des Schadens zurückgestuft.
Es kam zu einer Gerichtsverhandlung. Der Richter – nach Alberts Ansicht eine böse Sau – verdonnerte ihn zu einer saftigen Geldstrafe, dazu ein Jahr Führerscheinentzug ab Beginn der Rechtskräftigkeit des Urteils.

Glück im Unglück war, Albert hat keine Vorlatte gehabt und stand zum ersten Mal vor Gericht, sonst wäre die ganze Angelegenheit noch teurer geworden. Der ganze Spaß hat einschließlich der Fahrerkosten – ein befreundeter Rentner hat Albert zu einem geringen Entgelt zu den Kunden fahren müssen – sowie Gerichts- und Anwaltkosten und Verdienstausfällen über fünfzig Riesen gekostet.
Dumm gelaufen.

## Eine Feier, die man nie vergisst

Leitungswasserschäden haben einen besonderen Reiz. Unterhalten Sie sich mal mit einem Schlaumeier über Leitungswasserschäden. Garantiert sagt er Ihnen, dass das alles nur Gerede sei. Sicherlich, irgendwann, da könne so etwas schon mal passieren. Aber auf keinen Fall bei ihm, denn seine Leitungen sind selbstverständlich alle in Ordnung.
Mag ja alles sein. Aber es gibt Sachen, die gibt es wirklich. Und davon will ich erzählen.

So geschah es in Hildesheim im Bergholzviertel. Dort wohnen normalerweise nicht die allerärmsten Leute und sie wohnen in recht ansehnlichen komfortablen Häusern. Nach dem Kriege wurden diese Villen von der Besatzungsmacht beschlagnahmt und die rechtmäßigen Eigentümer mussten in null Komma nichts ihre Häuser verlassen und konnten erst nach Jahren wieder einziehen.
Wenn diese rechtmäßigen Eigentümer den Mut hatten, mal „vorbeizuschauen", konnten sie auf der Straße zuhören, wie fremde Stimmen in ihren voll möblierten Wohnungen grölten und irgendein englischer Soldat auf ihrem Konzertflügel „In the Mood" hottete. Nachdem endlich die Besatzungsmacht die Häuser geräumt hatte, mussten die Wohnungen von

Grund auf renoviert werden. Alles war verhunzt und verwohnt. Die Renovierung hat einen dicken Batzen Geld gekostet. Und in einem solchen von Grund auf erneuerten Hause ist es geschehen.

Zwei Söhne, kräftig und gut geraten, hatte besagte Familie. Die Eltern, wie schon erwähnt gut situiert, machten eine Urlaubsreise. Jawoll, sturmfreie Bude. Wer hat nicht schon einmal davon geträumt oder gar dieses große jugendliche Glück selbst kosten können. Mal so richtig die Sau rauslassen hieß das früher und war doch so harmlos.
Also, es wird gefeiert. Der Älteste hat Semesterferien, der zweite ist Abiturient. Sie lassen eine Fete steigen. So eine richtige Sause bei sturmfreier Bude. Eingeladen sind Kommilitonen, Klassenkameraden und Sportfreunde. Jeder bringt was mit. Schlachtermeistersöhne haben natürlich Zugang zu entsprechendem Kraftfutter, jede Menge Brot und Kartoffelsalat werden ins Haus geschleppt. Und reichlich Kraftstoff. Damit ist Bier gemeint. Was andere noch nicht haben, gibt es bei den Veranstaltern: eine Musiktruhe. Stereo und HiFi hat es noch nicht gegeben. Auch keine Tonbänder. Nur Schallplatten. Sprudel, Brause, alkoholfreies Bier und Milch war kein einziger Tropfen im Hause. War auch wirklich nicht nötig.
Die – sagen wir einfach Müllers – hatten zwar einen

Kühlschrank, der reichte an diesem Sommerabend aber nicht für derartige Mengen, die der Bierverlegersohn Friedel schon nachmittags ankarrte. Bier musste schließlich gekühlt werden. Kurzerhand wurde das Badezimmer zum Kühlschrank. Die Bierflaschen kamen in die Wanne, fließendes Wasser sorgte für die richtige Temperatur, schließlich war es draußen sommerheiß.

Es wurde ein richtig lustiger und gemütlicher Sommerabend. Alle hatten einen Riesenspaß. Gegen Mitternacht wurde – schon wegen der Nachbarn – Zapfenstreich gemacht. Es war ein Abend gewesen, den man nie vergisst. Der Studiosus Manfred hatte eine großartige Idee: Jetzt zum Baden nach Nordstemmen. Da kann man leicht über den Zaun klettern und nachts bräuchte man auch keine Badehose. Das war die Krönung. Willi war mit der Dreikantfeile seines Vaters aus Bavenstedt gekommen.

Zur Erläuterung: „Dreikantfeile" sagte man zu einem damaligen Kleinlaster mit drei Rädern. Diese Dinger hatten eine kleine Fahrerkabine, in die sich zwei Personen reinquetschen konnten, und meistens eine offene Ladefläche. Goliath und Tempo hießen die Dinger und trugen ihre Namen völlig zu Unrecht. Sie waren weder Riesen noch konnte man damit Tempo fahren.

Mit dieser „Dreikantfeile" sind die Jungs lustig und

mit leichter Schlagseite nach Nordstemmen gejuckelt. Drei Mann zwängten sich in die Fahrerkabine, obwohl es schon für zwei zu eng war. Und mit sieben Mann saßen sie auf der offenen Ladefläche. Sie mussten sich gegenseitig festhalten und tuckerten mit dem sonderbaren Gerät, das hoffnungslos mit der Fracht überfordert war, nach Nordstemmen zum Baden.
Da wurde ordentlich im kühlen Wasser getobt, alle wurden wieder nüchtern. Und im Morgengrauen ging es Richtung Heimat.
Laute Gesänge wie „Hoch auf dem gelben Wagen" und „Dennoch hat sich Bolle" ersetzten das nicht vorhandene Autoradio und trugen zur Hochstimmung bei. Und wer erlebt schon einen Sonnenaufgang auf der Ladefläche eines Mini-LKW. Zu dieser Zeit fuhren Polizisten noch auf dem Fahrrad Streife und welcher Polizist hat schon Lust, Sonntagnacht auf der Landstraße Kontrolle zu fahren. An Polizeikontrolle hat niemand geglaubt. Selbst die Polizei nicht. Und außerdem sonntagfrüh – wo denken Sie hin?
 Kurz vor Hildesheim wurde beschlossen, man wolle am Sonntagnachmittag bei Müllers gemeinsam aufräumen. Eine sehr löbliche Sache. Heinz meinte, die beiden Gastgeber sollten mit ihm zu seinen Eltern nach Hause kommen, genug Platz wäre da. Gesagt,

getan. Was sollte man denn auch nachts in dieser Unordnung. Und um drei Uhr Nachmittag war gemeinsames Aufräumen angesagt. Schließlich war auch noch was zu Essen und Stoff für eine kleine Nachfeier vorhanden.

Die beiden Söhne aus dem Bergholzviertel haben bei Heinz übernachtet. Da die Nacht recht kurz gewesen, wurde verständlicherweise etwas länger geschlafen. Also der Vormittag war sowieso im Eimer und die Jungens sind beim Freund bis über Mittag geblieben. Und gegen drei Uhr trafen sich alle pünktlich wieder zum Aufräumen.

Nur daraus wurde nichts.

Unter Berücksichtigung der Fröhlichkeit wurde in der Nacht leider vergessen, den provisorischen Kühlschrank abzustellen. Somit lief Wasser ungehindert in und über die Badewanne, weil die Etiketten von den Bierflaschen sich am Überlauf der Wanne festsetzten und diesen verstopften. Das war eine schöne Bescherung!

Über vierzehn Stunden lief Wasser ungehindert durch das Haus. So an die zehn Kubikmeter. Der gesamte Parkettboden, im Erdgeschoss Stuckdecken – in der ersten Etage und im Erdgeschoss waren sämtliche Räume hin. Tapeten hingen vom Wasser gelöst an den Wänden, Deckenputz war herabgefal-

len, lag in den Betten, im Wohnzimmer, Vaters Bibliothek glich einer stinkenden Pampe, an den Gardinen tröpfelte Wasser herunter, die Betten, Polstermöbel, Teppiche, Stühle, Tische, Schreibtische mit Inhalt, Kleiderschränke einschließlich der Garderobe, Wäsche, das gesamte Mobiliar stand im Wasser und war versaut. Aus dem Klavier hätte man ein Aquarium machen können. Das ganze Haus glich einer Tropfsteinhöhle. Kein Strom, Kurzschluss in den Leitungen. Selbst die Fenster waren in Mitleidenschaft gezogen.
Im Keller schwammen Vorräte wie Enten auf dem Dorfteich.
Die Holztreppe war durch Wasser aufgequollen. Das gesamte Haus stank nach Muff. Nur der Inhalt des Kühlschrankes war unversehrt. Kurzum, alles, aber auch alles im Hause war hin.
Unser Versicherungsnehmer hatte eine Gebäudeleitungswasserversicherung und auch seinen Hausrat entsprechend gut versichert. Die Aufregung ist unversicherbar. Aber der immense Schaden wurde mit einer schon damals sechsstelligen Summe ersetzt.

Moral: Man kann nie so dumm denken, wie es wirklich kommt. Wie gut ist da ein richtiger Versicherungsschutz. An der Versicherungsprämie ist noch nie einer zugrunde gegangen, wohl aber durch das

Nicht-versichert-Sein.
Und noch ein kurzes Nachwort: Im Nachhinein war dieser Schaden mein lustigster Leitungswasserschaden. Nur der Kunde hat das etwas anders gesehen.

## Die unerwünschte Vervielfältigung

Alles was auf Erden lebt, wächst oder irgendwie existent ist, hat zwei Grundbedürfnissse. Fressen und die Arterhaltung sichern. Das Zweite ist das Wichtigste. Und nicht nur beim Homo sapiens. Bei den Säugetieren findet diese Zeit des Sich-Erhalten-Wollens nicht allzuoft statt, meistens ein bis zwei Mal im Jahr. Beim Wildschwein ist es die Rauschzeit, bei den Vögeln nennt man das Balz und bei vierbeinigen bellenden Hausgenossen ist es die Hitze.

Wenn in der Nachbarschaft eine Hündin in die Hitze kommt, dann sind die Rüden logischerweise liebestoll. Und das ist verständlich, dient doch der Trieb der Arterhaltung. Unverständlich ist mir, dass mancher Hundehalter das nicht versteht und nachfühlen kann. Und wer nicht will, dass seine Hündin trächtig wird, muss schon einiges dagegen tun. Rüdenbesitzer sind da verständnisvoller gegenüber ihrem Hausgenossen.

Nun gibt es einen Rüden, der ist von Beruf Jagdhund, zuchtfähig und kerngesund. Und Max, so nennen wir ihn mal, Max hat eine für seinen Beruf notwendige hervorragende Nase, die er auch anderweitig einzusetzen weiß. Und im Unterdorf lebt eine stramme Boxerhündin. Diese Dame ist in der Hitze und würde sehr gern etwas für die Arterhaltung tun.

Nein, die Herrschaften, bei denen sie in Kost und Logis ist, die wollen das nicht. Die Hündin wird somit zu diesen gewisssen Tagen an kurzer Leine ausgeführt, extra per Auto dorthin befördert, wo sich normalerweise keine Hunde aufhalten. Dort darf Bessie das tun, was die Herrschaften zu Hause auf dem Thron erledigen. Und danach geht es sofort wieder nach Hause.
Mit freiem Auslauf ist nix! Und so war es auch am letzten Donnerstag. Bessie wird im Hof eingesperrt umgeben von einem fast mannshohen Zaun. Max hat es mal wieder verstanden, sich von zu Hause unbemerkt und unerlaubt zu enfernen, indem er den Zaun seines Anwesens überwand. Die Hinziehung zum anderen Geschlecht ist bei ihm so stark ausgeprägt, dass Zäune für ihn keine Hindernisse sind. Auf Türöffnen versteht er sich. Und Max ist ein Kerl wie Samt und Seide. Und dann ist es passiert.
Bessies Herrin werkelt im Garten in Bessies Nähe. Auf einmal ist Bessie weg. Die Herrin hat eine Wesensart, die man landläufig ete-petete nennt. Sie spielt die vornehme Dame, der Natürliches fremd scheint, zumindest nach außen. So eine Igittegitt Frau. Und was muss sie feststellen: Ihre Bessie und Max sind lautlos durch die offene Terrassentür ins Wohnzimmer. Und auf dem dortigen Sofa wird kopuliert. Sie hängen, wie der Fachmann sagt. Frau

„von Bessie" schreit und zieht am Rüden. Der knurrt ganz fürchterlich und beißt um sich. Frau „von Bessie" schreit noch fürchterlicher und läuft auf die Straße, bölkt entsetzlich keifend um Hilfe, was die Vierbeiner überhaupt nicht interessiert.

Ein guter Nachbar hat Frau Bessie dann beruhigt und als sich die „Angelegenheit auf dem Sofa" erledigt hat, betätigt sie sich als Detektiv. Bald hat sie herausgefunden, wo Max wohnt.

Dort macht sie ein Höllenpalaver. Maxens Rudelführer hat gelacht, als er von der Leistung seines Jagdkumpanes hörte und meinte, dass sein Zuchtrüde normalerweise für solche Tätigkeiten Bares bringt, 150 Euro wären üblich. Frau „von Bessie", wie gesagt eine Dame ete-petete, hat das überhaupt nicht gut befunden und ist spurlaut und wutschnaubend davon.

Max lag derweil in seinem Körbchen und schlief. Vielleicht träumte er. Max war sich keiner Schuld bewusst. Maxens Herrschaften haben einige Tage später einen Brief vom Anwalt gekriegt. Die Kosten für Abtreibung, Sofareinigung sowie Taxifahrten zum und vom Tierarzt – einige hundert Euro – wollte der Rechtsanwalt geltend machen.

Die Haftpflichtversicherung des Hundehalters, dem Oberhund von Max, hat die Sache geregelt. Anstatt Taxikosten wurde Busgeld für eineinhalb Personen gezahlt. Ein Mitverschulden musste sich „Frau von Bessie" anrechnen lassen. Die Schadensursache dieses Versuches zur Vervielfältigung heißt in der Akte der Versicherer „Ungewollter Deckakt".

Man muss staunen, was eine Haftpflichtversicherung alles leisten muss, in diesem Falle allerdings bitte nur bei Hunden.

## Teuben

Dat mit de dösigen Warterei – up Plattdütsch heit dat bi ösch „Teuben" – is überhaupt nix för moin Gesundheit. Un sowat kann meck ganz scheun in Ragscherei bringen. Un düsse Akschion was sau: Schon en poor Johr her, da is et meck passeurt. Eck bin in Hilmessen (Hildesheim) endlich uppen Parkplatz anekummen. Et rägent lüttje Hunne. Eck utten Wagen rut, drücke den Knopp för de Verriegelung – so ganz ut Gewohnheit – un fix nah hinten an den Kopperrum un will denne moin Schärm halen. Fleitschepeupen! Geht nix! Is doch dat hinnere Slott mit tausloten. Himmelsakrament. Dä Autoslüttel stecket innet Zündschloss. Un wat nu? Ischa nix Schlimmes, denk eck. Hast jo ne Fru in Hiuse, dä kann jo midden Ersatzslüttel kummen un meck erlösen.
Aberst, wat nun beu saun Schiedwedder. Eck ierst mal inne Kneipe un up düssen Schreck en Blondes verknuppern. Dann segge eck tau den Kreuger, ob eck mal telefoneuern künne un vertelle ihm moin Pech. Anstatt meck nu to beduern, wulle düsse Kierl seck balle totlachen wegen möine Dösigkeit.
Eck ant Telefon und wähle moine Nummer. Un wat passeuert? Eck hüre moine eigene Stimme und dei seggt tau meck, et würe keiner inne un eck schall et später noche mal verseuken.

Also, biste verheirot und wenne de Fru mal neutich hest inne Not, denn isse nich inne.
Mehrmals hev eck anneraupen. Aberst eck sülms – also düsse Blechkierl mit moine eigen Stimme – seggt emmertau, et würe keiner inne un eck schall et later nochemol verseuken.

Ölbentwintigmol hev eck et emaket. Nix, un wier nix. Gar nix. Immer düsse Blechkierl. Kannste nur teuben, bisse wier inne is, dien Fru.
Teuben kann eck uff'n Tod nich ab, mien Blautdruck is dann am Kochen. Immer wier verseuke eck am Telefon, dat se midden Ersatzslüttel kummen schall. Nix.
Endlich, na tweiunhalb Stunnen isse inne. Un wat kreige eck tau hören? Dat Äten stünne uppen Tische un eck schall meck beeilen. Seggt se tau meck in reinstem Hochdütsch: „Wenn du nicht sofort kommst, dann sind die Bratkartoffeln kalt."
Dann hev eck öhr seggt, dat se meck erlösen schall midden Ersatzschlüssel för't Auto. Un sofort nah'r Stadt kummen mit öhren Auto. Hat denne nich lang duert, da isse anekummen. Wat het se seggt? „Dat kann nur dir passeuern. Typisch Mann!" Un taun den Kreuger, se mösse getze ierste mal en Kappuschino hebben. Un wat het se noch seggt: „För ne Taxe warste wier tau knickerig".

## De Gewichtsfroge

Jeder dritte in unsern Land is tau fett, dat haben de Statistikers rutfunnen. Da gifft et saune Formel, dat is up englisch und heet in Düütsch, Body Mass Index. Wenn eck sei dat nun verklickern schall, damit meinen de Gesundheitsapostels, dat dat saune Meßlatte fört Gewicht und Gesundheit is.
Vollslank un mehr is nich mehr modern. Aberst saun Schmachthaken is ook nich gaut för deck.
Wenne bi düsse Skala nur twintig Punkte hest, kannste fräten und supen sauveel de willst. Aberst wenn de sau umme drittig Punkte hest, denn biste ne Gefahr für deck sülms un de Volksgemeenschaft. De Lebensversekerer seggt, nö danke, un dei Bestatters teuben uff de Entsorgung von deck.
Et is nu mal gesund, dat man Grüntüüch un veel von Fisch äten schall. Un ganz wenig Wost. Un denn mössteste uphören mit Fräten, wenn et smecket. Un smeuken und Beier und Sluck supen is och nich gaut för en langet Leben.
Also mössen dei Minschen getze umdenken.
Dat Beste is, wenne inne Freuh ierst uppe Waage steihst un dat Gewicht kontrolleuerst. Denne weißte genau, watte forn Dage noch äten kannst.
Un dat kannste meck glöven, von den groten Gewicht kommste nur runner, wenne täglich genau

över düsse Kilogramms Bauk feuern deist. Tauierst isset grausam, aberst et hilft. Un nieje Klammotten heste ooch nödig. Dat is ne Möglichkeit, den Plünnenschrank mal wier uttaumisten, un gaut för de Konjunktur.

Un wenne dann wier sau richtig smart un slank am Baste bist, sau richtich attraktiv, dann dreihen seck dei jungen Luie wier nach deck umme. Oder nich miehr.

Is doch ook wat wert. Oder?

## Die Skatbrüder

Seit nahezu 60 Jahren spielen sie Skat, einmal im Monat.
Der erste Mittwoch im Monat ist ihnen so etwas Wichtiges, dass alle anderen Termine entsprechend geändert werden.
Man spielt in einer Kneipe. Die Karten werden mitgebracht.
Diese „Skatbrüder" sind miteinander in einer Schulklasse zusammengewesen. Der eine oder andere hat auf die Langzeitquälerei des Abiturs verzichtet und hat es trotzdem zu etwas Vernünftigem gebracht. Sie sind alle verheiratet, haben fast alle Nachwuchs, der bereits aushäusig ist.
Sie sind also gestandene Männer, wie man das so zu nennen pflegt.
Früher tranken sie einige Biere, jeder natürlich. Auch ein „Kurzer" wurde getrunken. Heute – die Kameraden von einst sind mittlerweile alle über achtzig – da trinken sie Alster, Wasser, Schorle. Angeblich tun sie es wegen der Gesundheit, aber eigentlich haben sie Angst, berechtigte Angst, einmal von der „Trachtengruppe", wie Walter die Polizei nennt, erwischt zu werden. Das kann man sich nicht leisten. Erstens ist es kriminell, alkoholisiert erwischt zu werden, und zweitens ist es die Angst, man könnte

den Führerschein verlieren. Und in diesem Alter bekommt man den „Lappen" nicht wieder.

Gespielt wird nach einem zünftigen Abendbrot. Dann geht es los. Gespielt wird in den „Pott" mit fünfhundert plus Datum. Die verlorene Runde kostet drei Euro. Außerdem ist von jedem ein Beitrag in ebenfalls niedriger Höhe zu zahlen. Da kommt bei acht Leuten ein kleines Sümmchen zusammen. Dieses „Geld" ist der Grundstock für einen jährlichen Ausflug.

Nebenher wird noch ein bisschen erzählt, manchmal gibt es einen neuen Witz und zwischendurch erfährt man noch die eine oder andere Neuigkeit aus der Stadt.

Bei acht Teilnehmern in der Runde wird ein nicht unbedeutendes Sümmchen verzehrt, sodass der Wirt zufrieden ist.

Das Skatspiel ist für diese Senioren nicht der Hauptgrund des monatlichen Zusammenseins. Wichtig ist das Bewahren einer alten Freundschaft, die ihren Ursprung in der gemeinsamen Schulzeit hat.

## Ünnerwegens

Et kummt nich sau oft vor, dat eck tau Faute von Himmelsthür na'n Potte gah. Nu hett meck de Dokter verordnet, eck mösse minnestens aine Stunne an Dage anne frische Luft, un hei het noch seggt: „Frische Luft und Gottes Wort hat noch nie geschadet." Wat glöwt Sei, wat eck nu inne Weltgeschichte rumlopen deih.
Un dei olen Kierls, wie meck, weu hett doch kein Tiet, nich. Freuher feuhre eck mit möin Wagen naher Stadt, selten mitten Bus. Nun hebbe eck ja noch en Vörbeiner, düsse Kreatur mott ok raus. As eck noch to „de arbeiende Bevölkerung" gehörte, hebbe eck allwegens seggt: Wenn eck sau vel lopen mösse, dann härre eck vör Beine. Aberst, eck hev nur twei, un saune Vörmittagenswannerung ist gesund. Wenn nix Besonneres vorleigen deit, das sind dann meistens Dokterbeseukes oder tau de Aftheke, un de Sünn schient, dann gah eck mit'n Hund na Hilmessen, dat sind so annertalb Stunnen in eine Richtung. Wat meinen Se, wat et da allens ünnerwegens givt. Fremme Frauensminschen spräken meck an, fragen wat der Hund för ne Rasse wöre: Sei seuken dat Gespräk, vertellen meck, wat meck gar nich intresseurt. Et sin einsame Minschen.
Eck träpe Luie, de meck gröiten un eck weit nichemal,

wie öhre Namen sind. De meisten seggen, dat se meck an möinen Hund erkennt hebben, weil se meck jümmers mit möin Münsterländer sehen würen. Un wat eck so anne Straten und Spazierwege tau kucken kröige, is doch bannig interessant. Nich nur, dat so allerlei Unrat up der Straten leigen deit, wie Kippen, Papeuer und Plastikkrams, de Anrainers vonne Grundstücke fegen nich mal mehr de Gosse. Weil se nu daför anne Stadt betahlen mött, glöwet sei, et mösste nich mehr efegt wern. Aber dat Stratenfegerauto kummt nur ainmal in Monat. Un inne greune Lunge – in Hilmessen segget se „Liebesgrund" datau – is et nich viel bäter. Eck öberlege dann oftmals, ob ich nich dat völe Papeur uffsammeln schall. Aberst dann make eck et doch nich. Warumme denn ausgerechnet eck?

Et givt aberst auch Erfreuliches. Inne Vörgärten kann man kucken, wat de Besitzers so allens planted hebben. Manch einer hett saun piekfeinen Rasen, wie saun lüttjer Herrenhäuser Garden, annere wier, dei sün wie saun Ökowald. Un düsse Gartenpygmän, düsse lütten Plastikkierls ierst, det is wirklich ne Frage vonne Geschmack.

Dann de Blaumen und Bäume, is ja dat ankucken wiert. Allerdings sin ok düsse Graffittisauereien anne Häuser un besonners an Brücken un Betonwänne to „bestaunen". Wat sich düsse Schmierbatzen wohl dabei denken, allens so to versauen?

Un wenn eck dann anner Innerste lang gah, da seih eck so manchen lütten Piepmatz fleigen. Un de Muisebussard set uppen Koppelpfahl un teube, de Krähen kreischen öber meck. Annen Wegrain wachsen de Steifmotterchens, Vergettmöinnichs, Lilien un manchmal kann man ok schon mal neben de velen Unkräuters, de ok als Heilkräuter för de Minschen god sin, de eine oder annere Seltenheit finnen. Un auf'en Kopperstrange is de Entenmodder mit öhre Lütten ünnerwegens, jüstement we eck. Nur wör, möine Freya – dat is möin Vörbeiner – un eck, wör kröigen jümmers dat Futter pünktlich voresättet. Et givt sauvel inne Natur tu sähn, mosst nur Ogen daför hebben, dann siehste wat, watte mitten Auto nie tau sähn kriest.

Inner Stadt hebbe eck dann irgendwat erledigt un et geiht dann wier taurügge, natürlich tau Faute. Un wenn eck wier uppen Barge bin, in Hiuse, an Dische bein Mittagäten, un mien Fru fröcht, wat eck sau erlebet hev, dann hev eck jümmers wat tau vertellen. Un de Mittagsslap het nich nur de Hund verdeint un nötig. Frösche Loft maket meue.

Glöwet Sei meck, saune Wannerunge naher Stadt is jedes Mal anners un interessant. Un allemal gesund.

# Noch mehr Geschichten ...

*Wilhelm Strube alias Ludwig Moritzberger hat mehr als 1 Million Bücher unter die Leser gebracht – in der DDR, im Westen unter Pseudonym, dann in Gesamtdeutschland.*

Ludwig Moritzberger:
**Kopfstand**
**und andere Geschichten vom Berge**
63 Seiten – ideal zum Vorlesen
Moritzberg Verlag Hildesheim 1997. 5,20 Euro
ISBN 3-9806093-0-8

## ... aus dem Moritzberg Verlag

*Pinkepanks erstes Buch erschien in seinem 76. Lebensjahr – vorher hatte er acht Jahre lang für die Moritzberger Stadtteilzeitung geschrieben*

Walter Pinkepank:
**Tithähneken**
**un annere Döntjes vom Barge**
121 Seiten voller Humor
Moritzberg Verlag Hildesheim 1998. 9,80 Euro
ISBN 3-9806093-1-6